# 돌아온 탕자의 묵상

# 돌아온 탕자의 묵상

## 일상 속 작은 기도, 마음을 여는 묵상

윤상후 지음

책과나무

울뜨레야 스따님들과 나누고 싶어서 시작된 매일미사 묵상글들이 모여『돌아온 탕자의 묵상』이 되었습니다. 부족한 글들이라 많이 망설였습니다.

1년여 남짓한 시간 동안 하루도 빠짐없이 새벽녘 하느님의 말씀을 묵상하며 감사한 마음으로 때론 아픈 마음으로 썼습니다.

제 안에 '나'가 너무 많아 말씀을 담을 수가 없어 한참을 헤맨 적도 많았습니다. 임마누엘 하느님께서 함께하심을 느끼며, 기도하며 치유받은 소중한 시간들이었습니다.

책 출간을 허락하시고 용기를 주신 하느님께 감사와 영광 돌리오며, 부족한 글 응원해 주신 서청주성당 꾸르실리스타 여러분, 사랑의 글로 마음을 이끌어 주시고, 묵상글의 모토가 되어 주신 존경하는 반영억 신부님께 감사의 마음을 전합니다.

탕자를 사랑해 준 사랑하는 아내 글라라, 그리고 하느님께서 주신

선물인 사랑하는 딸 스텔라와 사랑하는 아들 베네딕토에게 이 책을
바칩니다.

하느님 말씀이 전하여지고, 누군가에게 작은 공감과 위안이 될 수
있다면 저에게는 큰 은총이자 기쁨입니다.

매일 걸었기 때문에 길이 되는 책이 되길 소망합니다.

2026년 4월

윤상후 프란치스코

# 아버지 품으로 돌아온 탕자이게 하소서

"나에게 사랑이 없으면 아무것도 아님을,
한낱 꽹과리에 지나지 않음을 잊지 않게 하소서.
차라리 쥐엄나무 열매를 먹으며 아버지를 그리워하는
탕자이게 하소서."

– 본문 중에서

* * *

아침 묵상 중…
사람들의 거울에 비친 너의 모습 때문에 마음 상하지 마라.
오직 예수님의 거울에 비친 너의 모습만 생각하라,
그분의 거울은 완전하니 지금 비추인 너의 모습 그대로 사랑하며
곧 온전케 해 주시리라.
그분께 의탁하고 침묵 속에서 기도하여라.
아멘♡

**내 멍에를 메고 나에게 배워라.** (마태 11, 29)

아버지 하느님,
당신의 멍에가 때론 불편하고,
당신의 짐이 때론 무거울 때가 있습니다.
제 안에 제가 너무 많기 때문이옵니다.
성령의 힘으로 당신의 말씀이 젖어 들게 하시어
온유와 겸손으로 멍에의 참기쁨을 깨닫게 하소서.
아멘♡


* * *


**주님, 저를 구해 주십시오.** (마태 14, 30)

아버지 하느님,
아무리 뛰어난 어부라도 흔들리는 믿음 속에서는
물에 빠져 허우적댐을 깨닫게 하소서.
부족했던 베드로는 저희의 모습이며,
거꾸로 십자가에 순교하여 주님을 증거한 그 모습도
저희이게 하소서. 믿음에 믿음을 더하여 주소서.
아멘♡

**내가 너에게 자비를 베푼 것처럼**

**너도 네 동료에게 자비를 베풀었어야 하지 않느냐?**

(마태 18, 33)


아버지 하느님,

해야 하는 용서보다 받은 용서가 더 크옵니다.

해야 하는 사랑보다 받은 사랑이 더 크옵니다.

해도 해도 갚을 수 없는 아버지의 용서와 사랑이옵니다.

그 감사함으로 이웃을 용서하고 사랑하게 하소서.

아멘♡


* * *


아버지 하느님,

구석구석 닦아 쓰고 버려질 걸레이게 하소서.

아래로 아래로 돌아 빈 곳에 담겨질 물이게 하소서.

어디라도 던져져 썩어 버릴 밀알이게 하소서.

아멘♡


**주님 앞에서 자신을 낮추십시오.**

**그러면 그분께서 여러분을 높여 주실 것입니다.**

(야고 4, 10)

**모든 일에 감사하여라.**
**이것이 그리스도 예수님 안에서 살아가는**
**너희에게 바라시는 하느님의 뜻이다.** (1테살 5, 18)


아버지 하느님,
어제 주신 큰 은혜 오늘 또 잊었나이다.
없어진 것도 아닌데 감사함을 잊으니
있어도 없나이다.
당신 발 앞에 엎드려 감사드리게 하소서.
아멘♡


＊　＊　＊


**하느님 나라는 너희 가운데에 있다.** (루카 15, 21)


임마누엘 하느님,
당신의 말씀이 머무는 곳,
당신께서 주신 사랑이 깨달아지고 전하여지는 곳,
그곳이 하느님 나라임을 알게 하소서.
아멘♡

**그들은 곧바로 배와 아버지를 버려두고**

**그분을 따랐다.** (마태 4, 22)


아버지 하느님,

지금 곧바로, 바로 여기, 이 자리에서

당신을 온전히 따르게 하소서.


'갇혀 있는 나'에서 떠나

'거듭난 나'로 살게 하시며

'내가 하고 싶은 것'에서 떠나

'당신께서 기뻐하실 일'을 하게 하소서.

버림으로 얻게 하시고

떠남으로 당신께 이르게 하소서.

아멘♡

**너는 나를 사랑하느냐?** (요한 21, 17)

아버지 하느님,

제가 하느님을 사랑합니다.

제가 당신의 말씀을 사랑합니다.

제가 당신의 기도를 사랑합니다.


제가 당신께서 걸으신

십자가의 길을 사랑합니다.

제가 당신께서 베푸신

그 큰 사랑을 사랑합니다.

제가 사랑한다 말하게 하소서.

아멘♡

**네 발에서 신을 벗어라.**

**내가 너와 함께 있겠다.** (탈출기 3, 5. 12)

아버지 하느님,
당신의 숨으로 태초에 만드셨던
그 모습 그대로 살게 하소서.
철부지로 살아 당신께서 드러내
보여 주려는 사람이 되게 하소서.
세속과 신앙 사이에서 오가는 신을 벗게 하시어
자갈길도 진흙길도 오롯이 걸어
당신께 다가가게 하소서.
아멘♡

**나는 혼자가 아니다.**

**아버지께서 나와 함께 계시다….**

**내가 세상을 이겼다.** (요한 16, 32-33)


아버지 하느님,

당신의 충실한 종으로 살고 있는 듯할 때

불현듯 세상은 저를 흔들어

제 마음엔 온통 나로 가득 차나이다.

당신의 말씀으로 걸러 듣게 하시고

당신의 말씀으로 가려 보게 하시어

요동치는 파도가 아니라

고요한 호수이게 하소서.


비워야 울림이 일어나고

비워야 담을 수 있으니

당신께서 함께해 주신다는

믿음과 말씀으로 세상을 담고

세상을 이길 수 있게 하소서.

아멘♡

# 차례

# 1부

# 사순 시기

◆

## 돌아섬과 침묵

---

재의 수요일 ~ 성목요일 낮

회개는 다시 시작하는 용기

---

상처를 직면하는 기도

---

십자가 앞에 머무는 시간들

---

너희는 또 그분의 말씀이

너희 안에 머무르게 하지 않는다. (요한복음 5, 38)


주님, 말씀 안에 머무르는 하루 되게 하소서.

주 하느님의 말씀이 늘 저희에게 머무르게 하소서.

아멘♡


*　*　*


주님의 가르침을 좋아하고

그분의 가르침을 밤낮으로 되새기는 사람

그는 시냇가에 심겨 제때에 열매를 내며

잎이 시들지 않는 나무와 같아

하는 일마다 잘되리라. (시편 1, 2-3)


주님, 주님의 가르침을 좋아하고

밤낮으로 되새기는 사람이 되게 하소서.

아멘♡

너희 가운데 죄 없는 자가 먼저
저 여자에게 돌을 던져라. (요한복음 8, 7)


하느님, 제 눈 속에 있는 들보를 깨닫게 하시고
저는 죄인임을 고백하게 하소서.
아멘 ✝


* * *


그 가운데 어떤 일로
나에게 돌을 던지려고 하느냐? (요한 10, 32)
아버지께서 내 안에 계시고
내가 아버지 안에 있다는 것을
너희가 깨달아 알게 될 것이다. (요한 10, 38)


주님, 돌을 던지는 무리에 있지 않게 하소서.
당신의 일을 통해 당신의 사랑 안에 머물고
주님께서 내 안에 계심을 증거하는 오늘이 되게 하소서.
아멘♡

**주 하느님께서 나에게, 제자의 혀를 주시어,**

**지친 이를 격려할 줄 알게 하신다.** (이사야서 50, 4)

주님, 지친 이에게 내미는 따듯한 말과 손길이
주님임을 알게 하시며,
'해묵은 나'가 죽고
'새로운 나'가 탄생하는 부활이 되게 하소서.
저희가 머무는 곳에 사랑의 꽃이 피어나도록
애쓰는 사람이게 하소서.
아멘♡



주님, 지친 이에게 내미는 따듯한 말과 손길이

**너희도 서로 발을 씻어 주어야 한다.** (요한 13, 14)

아버지 하느님께 가까이 다가갈수록

더 낮은 곳으로 임했던 예수님,

배신하고 돌을 던질 줄 다 아시면서도

사람을 끝까지 사랑하셨던 예수님,

그 사랑을 알게 하소서, 실천하게 하소서.

발을 씻겨 줄 용기와 사랑의 힘을 주소서.

아멘 ✝

# 2부

# 부활 시기

◆

## 다시 살아나는 희망

주님 부활 대축일 ~ 성령 강림 대축일

끝이 아니었음을 알게 되는 순간

눈물 이후에 찾아온 믿음

다시 걷게 하는 힘

오늘도 살아 계신 하느님

**너희에게 새 마음을 주고**

**너희에게 새 마음 안에 새 영을 넣어 주겠다.**

**살로 된 마음을 넣어 주겠다.** (에제키엘 36, 26)


주님, 저희에게 돌로 된 마음을 치우고

살로 된 마음을 채워 주소서.

그 마음으로 울뜨레야가 전진하여,

하느님을 사랑하고 이웃을 사랑하고

세상을 사랑하게 하소서.

아멘♡


* * *


**누가 주님을 무덤에서 꺼내 갔습니다.** (요한 20, 2)


아버지 하느님,

주님께서 부활하여 무덤이 비었듯이

우리의 마음도 비우게 하소서.

그 빈 마음을 말씀으로 채워 주시고,

그 말씀대로 살아 진리 안에 머물고

그 안에서 자유를 누리는 부활의 삶을 살게 하소서.

아멘♡

**"저희와 함께 묵으십시오."**

**그러자 그들의 눈이 열려**

**예수님을 알아보았다.** (루카 24, 29. 31)


주님, 믿음의 눈이 열려 당신을 알아보게 하소서.

아브라함이 나그네를 대접하다가 천사를 대접하였듯이

저희와 함께 묵어 달라 청하게 하소서.

나그네를 대접할 수 있게 하소서.

아멘♡


* * *


**길에서 겪은 일과 빵을 떼실 때에**

**그분을 알아보게 된 일을 이야기해 주었다.** (루카 24, 35)


주님, 엠마오로 가는 제자들에게 하신 것처럼

말씀 체험과 성체(빵)를 통해

저희 마음을 여시어 성경을 깨닫게 하소서.

아멘♡

**"저의 주님, 저의 하느님!"** (요한 20, 28)

주님, 토마스처럼 정직하게 불신을 말할 용기도 없습니다.
부족하고 못난 저에게 믿음을 더해 주소서.
"저의 주님, 저의 하느님"이라고 고백하게 하소서.
아멘♡

* * *

**울뜨레야 성지 순례하는 날**

살로 된 마음으로 당신들을 사랑하여
주님이 기뻐하시도록 노력하겠사오니
그냥 그 모습 그대로 있어 주시어
당신들의 삶으로 증거하신 신앙을
그대로 전해 주시어 느끼게 해 주소서.
그것으로 감사하고 그것으로 기뻐할 수 있고
그것만으로 감사합니다. 사랑합니다.
아멘♡

**알맞게 표현된 말은 은쟁반에 담긴 황금사과와 같다.** (잠언 25, 11)
(김대건 신부님 생가 방문 및 미사 참여 중 신부님 강론 중에)

**하느님께서 죽은 이들 가운데에서**
**다시 일으키신 바로 그분의 이름으로,**
**이 사람이 여러분 앞에**
**온전한 몸으로 서게 되었습니다.** (사도 4, 10)


집 짓는 자들에게 버림을 받았지만
모퉁이의 머릿돌이 되신 주님,
베드로가 그랬던 것처럼 당신의 이름으로
저를 온전한 몸으로 서게 하소서.
아멘♡


* * *


**누구든지 위로부터 태어나지 않으면**
**하느님의 나라를 볼 수 없다.** (요한 3, 3)


주님, 매 순간 위로부터 태어나게 하소서.
위로부터 태어나 아래로부터 오는 기쁨보다
위로부터 오는 기쁨 알게 하시고,
위로부터 주신 말씀 안에서 말씀에 따라 살게 하소서.
아멘♡

029

**모세가 광야에서 뱀을 들어 올린 것처럼,**

**사람의 아들도 들어 올려져야 한다.** (요한 3, 15)


주님,

모세가 들어 올린 구리뱀을 본 자만이 살아남았듯이

주님만을 바라보게 하소서.

그 믿음이 행동으로 실천되어 열매 맺게 하소서.

아멘♡


* * *


**하느님께서 세상을 너무 사랑하신 나머지**

**외아들을 내주시어,**

**그를 믿는 사람은 누구나 멸망하지 않고**

**영원한 생명을 얻게 하셨다.** (요한 3, 16)


주님.

가끔 아이들을 보며 가슴에 사무치는 사랑을 느끼곤 합니다.

하느님으로부터 왔으며,

하느님을 닮은 이 마음과 사랑 알게 하소서.

저희를 보며 똑같이 느끼실 그 사랑과 아픔 알게 하소서.

아멘♡

주님,

KBS 다큐 《영원과 하루》를 보고 많이 울었습니다.

사제들의 선한 눈빛과 사랑으로 당신께 찬양드리는 모습에서

임마누엘 하느님이심을 알았습니다. 눈물이 자꾸 나려고 하네요.

본당 울뜨레야가 "하느님 당신은 나의 모든 것"

온 마음 다해 함께 찬양드릴 수 있는 은총 허락하소서.

아멘♡ (23년 4월 19일)


이 기도는 25년 11월 28일,

흥덕지구 꾸르실리스타를 위한 미사(성모성심성당)에서

서청주성당 울뜨레야 중창단 공연을 통해 이루어졌습니다.

지나고 나서야 압니다.

아버지 하느님께서는 우리의 기도를 꼭 들어주시는

임마누엘 하느님이십니다. 아멘!

**하느님께서 보내신 분께서는 하느님의 말씀을 하신다.**
**하느님께서 한량없이 성령을 주시기 때문이다.** (요한 3, 34)


오소서, 성령님.
저희 안에 사랑의 불이 타오르게 하소서.
그 사랑으로 하느님께서 참되심을 증거하게 하소서.
아멘♡


*  *  *


**예수님께서는 빵을 손에 들고 감사를 드리신 다음
자리를 잡은 이들에게 나누어 주셨다.** (요한 6, 11)


주님, 오병이어의 기적을 통해
작은 것에 감사하고 기도드리신 예수님을 닮게 하시고,
어린아이의 봉헌을 기억하게 하소서.
광야 40년 동안 주신 만나처럼
빵을 나누어 주셨던 그 사랑을 알게 하시고,
그 이후에 2000년 동안 저희가 모시는 성체가
또한 그때의 당신의 사랑임을 깨닫게 하소서.
아멘♡

**나다, 두려워하지 마라.**

**어느새 그들이 가려는 곳에 가 닿았다.** (요한 6, 20-21)


어둠과 큰 바람으로 인한 높게 인 물결이 몹시도 두려웠습니다.

그것을 잠재우신 것이 아니라,

함께 계시며 두려워하지 말라고 했던 임마누엘 하느님,

당신이 항상 저희 곁에 함께하심을 믿고 기도드릴 때,

어느새 가려던 곳에 닿아 있을 수 있음을 깨닫게 하소서.

아멘♡

**길에서 우리에게 말씀하실 때나 성경을 풀이해 주실 때
우리 마음이 타오르지 않았던가!** (루카 24, 32)

주님,
말씀과 성체로 주님을 알아보았던 엠마오의 제자들이
저문 저녁때임에도 "곧바로 일어나"(루카 24, 33)
예루살렘으로 돌아간 것처럼
저희가 있어야 할 곳에 "곧바로 일어나"
어둠을 뚫고 빛으로 돌아갈 수 있는 용기와 지혜를 주소서.
그 말씀과 성체가 곧 주님께서 세우신 성체성사임을 깨닫고
거룩한 미사의 봉헌으로 주님을 알아보는 은총 허락하시고
이웃 사랑을 통해 그 기쁨 나누게 하소서.
아멘♡

**하느님의 일은 그분께서 보내신 이를
너희가 믿는 것이다.** (요한 6, 29)

말씀이 사람이 되시어 우리 가운데 오신 주님,
길이 남아 영원한 생명을 누리게 하는 양식이
당신의 몸인 성체이고
그것이 곧 당신의 말씀임을 깊이 새겨 주소서.
당신의 말씀 안에서 평화를 누리게 하소서.
lavabis me(나를 씻기소서).
dona nobis pacem(저희에게 평화를 주소서).
아멘♡

＊ ＊ ＊

**하느님의 강한 손 아래에서 자신을 낮추십시오.
정신을 차리고 깨어 있도록 하십시오.** (1베드로 5, 6. 8)

아버지 하느님, 겸손하며 깨어 있게 하소서.
역사 안에서 조용히 활동하시는
하느님의 능력 아래에서 순종하여 겸손하게 하시며,
악의 세력이 나약한 마음을 틈타 삼키려 할 때
당신의 말씀으로 승리하게 하소서.
아멘♡

**나를 보내신 아버지께서 이끌어 주지 않으시면
아무도 나에게 올 수 없다.** (요한 6, 44)

주님, 성당 공동체 교우들이 하느님의 이끄심으로
세례를 받은 형제자매이고 주님의 지체임을 깨닫게 하소서.
온유와 관대함으로 대하게 하시며
사랑으로 그 사랑으로 주님께 다가갈 수 있도록 하소서.
주님, 당신의 말씀이 머리에서 가슴으로 내려오기까지
얼마나 더 많은 세월이 필요한가요?
도와주소서! 이끌어 주소서! 하느님.
아멘✝

* * *

**사울의 눈에서 비늘 같은 것이 떨어지면서
다시 보게 되었다.** (사도행전 9, 18)

주님, 깊은 통회와 성찰로 죄인임을 고백하게 하소서.
보고 싶은 것만 보고 듣고 싶은 것만 듣는
장님이며 귀머거리임을 고백하게 하소서.
제 눈에서도 비늘을 떼어 주시어
오래된 나가 죽고 새로운 나로 태어나
당신 말씀의 눈으로 세상을 바라보게 하소서. 아멘♡

**너희도 떠나고 싶으냐?** (요한 6, 67)

주님, 저희가 누구에게 가겠습니까?
주님께는 영원한 생명의 말씀이 있습니다. (요한 6, 68)
아멘♡


＊　＊　＊


**아픈 교우들에게**


믿음의 기도가 그 아픈 사람을 구원하고,
주님께서는 그를 일으켜 주실 것입니다.
서로 남을 위하여 기도하십시오.
그러면 여러분의 병이 낫게 될 것입니다.
의인의 간절한 기도는 큰 힘을 냅니다.

(야고보 5, 15-16)


아멘✝

**선을 행하는데도 겪게 되는 고난을 견디어 내면,**

**그것은 하느님에게서 받는 은총입니다.** (1베드로 2, 20)


아버지 하느님,

누가 나쁜 놈이라고 하면,

"절대 아닙니다. 저는 죽일 놈입니다."라고 고백하게 하소서.

그 순간, 당신의 언어가 침묵임을 깨닫고,

그 침묵 속에서 당신의 음성 듣는 시간을 갖게 하소서.

아멘♡


* * *


**내 양들은 내 목소리를 알아듣는다.**

**나는 그들을 알고 그들은 나를 따른다.** (요한 10, 27)


주님,

나를 죽이고 나를 비워

"제 뜻이 아니라 아버지의 뜻이

이루어지게 하십시오." (루카 22, 42)


당신의 목소리 알아듣고

따르는 착한 양이게 하소서.

아멘♡

**너희가 내 이름으로 청하는 것은 무엇이든지
내가 다 이루어 주겠다.** (요한 14, 13)

주님,
당신이 원하는 때에 당신의 방법으로
이루게 해 주심을 알게 하소서.
이 모든 것이 아버지 하느님께서
영광스럽게 되시도록 하기 위함임을 깨닫게 하소서.
아멘♡

＊　＊　＊

**너희는 내가 어디로 가는지 그 길을 알고 있다.** (요한 14, 4)

주님,
새로운 것을 얻기 위한 믿음이 아니라,
당신께서 이미 주신 축복과 사랑을
깨달아 가는 믿음이게 하소서.
감사하게 하소서.
아멘♡

**나를 믿는 사람은 내가 하는 일을 할 뿐만 아니라,**

**그보다 더 큰 일도 하게 될 것이다.** (요한 14, 12)


주님, 자기 영광이 아닌
주님의 영광 드러내는 일이게 하소서.
썩어서 많은 열매를 맺는 밀알이 되게 하소서.
아멘♡


＊　＊　＊


**여러분도 살아 있는 돌로서**

**영적 집을 짓는 데에 쓰이도록 하십시오.** (1베드로 2, 5)


사랑으로 아버지께서 세워 주신 머릿돌인 주님,
살아 있는 돌인 당신의 말씀으로 아름다운 집을 짓게 하소서.
누군가의 주춧돌이 되어 당신께 영광 돌릴 수 있도록 하소서.
아멘♡

**내 계명을 받아 지키는 이야말로 나를 사랑하는 사람이다.**

**나를 사랑하는 사람은 내 아버지께 사랑을 받을 것이다.**

**그리고 나도 그를 사랑하고**

**그에게 나 자신을 드러내 보일 것이다.** (요한 14, 21)


주님, 구원받을 만한 믿음이 있음을 알고

앉은뱅이를 일으키신 것(사도 14, 9)처럼

그 믿음과 사랑 실천하게 하시어 저희도 일으켜 주소서.

아멘♡


*　*　*


**내가 주는 평화는 세상이 주는 평화와 같지 않다.** (요한 14, 27)


주님,

"어떠한 경우에든 감사하는 마음으로 기도하고 간구하면

모든 이해를 뛰어넘는 당신의 평화가 저희 마음과 생각을

당신 안에서 지켜 주신다"(필리 4, 6-7)고 하신 말씀

잊지 않게 하소서.

아멘♡

내 안에 머무르고 나도 그 안에 머무르는

사람은 많은 열매를 맺는다. (요한 15, 5)


주님, 당신 말씀이 저희 안에 머무르게 하소서.

들포도가 아닌 참포도를 맺게 하시고,

쭉정이가 아닌 알곡이 되게 하소서.

아멘♡


＊　＊　＊


너희도 내 계명을 지키면 내 사랑 안에 머무를 것이다.

네 이웃을 너 자신처럼 사랑해야 한다.

이보다 더 큰 계명은 없다. (요한 15, 9; 마르코 12, 31)


주님, 아버지 하느님의 사랑을 깊이 깨닫게 하소서.

당신을 깊이 사랑하게 하소서.

그 사랑으로 당신 계명 따르게 하소서.

아멘♡

**너희가 가서 열매를 맺어 너희의 그 열매가
언제나 남아 있게 하려는 것이다.** (요한 15, 16)


주님,
그 열매는 사랑을 통한 영원한 생명임을 알게 하소서.
주님께서 저희를 사랑하신 그 모습 그대로
낮추고 섬기어 사랑하게 하소서.
아멘♡


＊　＊　＊


**아버지께서는 다른 보호자를 너희에게 보내시어,
영원히 너희와 함께 있도록 하실 것이다.** (요한 14, 16)


임마누엘 하느님,
파라클레토스 성령님,
"내가 너와 함께 있으면
네가 어디로 가든지 너를 지켜 주고,
내가 너에게 약속한 것을 다 이루기까지
너를 떠나지 않겠다"(창세기 28, 15)고 하신
그 약속대로 저희를 지켜 주시고,
저희에게 불길처럼 임하소서. 아멘♡

**바오로가 하는 말에 귀 기울이도록**

**하느님께서 그의 마음을 열어 주셨다.** (사도 16, 14)


주님, 필리피 전교에 리디아의 마음을 성령으로 열어 주시어
바오로의 조력자로 쓰신 것처럼 저의 눈과 귀를 열어 주시어
당신의 뜻과 섭리를 알게 하시고 스스로 돕게 하소서.
아멘♡


             * * *


**주 예수님을 믿으시오.**

**그러면 그대와 그대의 집안이**

**구원을 받을 것이오.** (사도 16, 31)


주님, 죄수였던 바오로가 간수에게 베푼
의로움과 사랑을 잊지 않게 하소서.
그 의로움과 사랑이 어린양을
당신께 인도하는 구원임을 깨닫게 하소서.
아멘♡

**다시 조금 더 있으면 나를 보게 될 것이다.**
**너희의 근심은 기쁨으로 바뀔 것이다.** (요한 16, 17. 20)


주님, "조금 더"의 시간과 세월 속에

당신의 말씀을 순종하며 살게 하소서.

그 기쁨은 당신 말씀을 지켜 얻어 낸 의로움이며

당신 말씀 안에서 행한

사랑에서 주어짐을 알게 하소서.

아멘♡


* * *


**그 기쁨을 아무도**
**너에게서 빼앗지 못할 것이다.** (요한 16, 22)


임마누엘 하느님,

해산의 고통과 출산의 기쁨을 알게 하소서.

제 안에 '나'가 너무 많아 저와의 싸움이 가장 큰 고통입니다.

고통이 없기보단 당신 말씀 지켜 내어

승리할 수 있도록 제게 머물러 주소서.

그 고통은 기쁨을 낳는 고통임을 깨닫게 하소서.

아멘♡

**내 이름으로 아버지께 청하는 것은 무엇이든지
그분께서 주실 것이다.** (요한 16, 23)


주님, 제가 아닌 예수 그리스도의 이름으로 청하게 하소서.
제 뜻이 아닌 당신의 뜻과 일치하게 하시며
당신의 마음을 닮은 기도를 하게 하소서.
아멘♡


＊  ＊  ＊


**아폴로는 그곳에 이르러, 하느님의 은총으로
이미 신자가 된 이들에게 큰 도움을 주었다.** (사도 18, 27)


주님, 사제는 나무를 심고 저희는 물을 주어
신앙 공동체가 서로 도우며 믿음으로 성장하게 하소서.
아멘♡


**"나는 심고 아폴로는 물을 주었습니다.
그러나 자라게 하신 분은 하느님이십니다."** (1코린 3, 6)

**보라, 세상 끝날까지
언제나 너희와 함께 있겠다.** (마태 28, 20)


임마누엘 하느님, 당신께서 보내 주신 성령은
어려움에 처한 저희에게
보호자, 협력자이시며 인도자이시고,
고백을 들어 주시는 상담자이시며,
저희를 위해 말씀해 주시는 변호자이시고,
위로자이시며 지지자이십니다.
마음을 비워 성령으로 충만하게 하시어
성령의 열매 얻게 하소서. 아멘♡


* * *


**나는 혼자가 아니다. 아버지께서 나와 함께 계시다.
용기를 내어라. 내가 세상을 이겼다.** (요한 16, 32–33)


세상을 이기신 예수님,
당신을 닮아 세상을 이기게 하소서.
당신의 말씀을 실천하는 것이
세상을 이기는 유일한 방법임을 알게 하소서.
아버지 하느님께서 함께하심으로 가능함을 깨닫게 하소서.
아멘♡

**아들이 아버지를 영광스럽게 하도록**
**아버지의 아들을 영광스럽게 해 주십시오.** (요한 17, 1)


주님,

그 영광은 영원한 생명과 구원을 위한 십자가의 길이었습니다.

세상에 속한 것이 아닌 하늘에 속한 영광을 보게 하시고,

저희에게 주어진 십자가의 길을 잘 걷게 하시어

당신께 영광 돌릴 수 있도록 지켜 주소서.

아멘♡


* * *


**저는 그들 안에 있고 아버지께서는 제 안에 계십니다.**
**이는 그들이 완전히 하나 되게 하려는 것입니다.**
**아버지께서 저를 사랑하신 그 사랑이 그들 안에 있고**
**저도 그들 안에 있게 하려는 것입니다.** (요한 17, 23. 26)


주님, 저희가 하느님께서 머무시는 성전이 되게 하소서.

사랑함으로 사랑 안에 머물러 당신 안에 머물게 하소서.

아멘♡

**하느님은 사랑이십니다.** (1요한 4, 16)

**너는 나를 사랑하느냐?** (요한 21, 17)


주님, 제게 늘 머물러 주소서.

주님은 제가 얼마나 쉽게

주님을 저버리는지 알고 계시오니

제가 주님을 잊어버리지 않도록

항상 저와 함께 계셔 주소서. (비오 신부)

아멘♡

너는 나를 따라라.

쟁기에 손을 대고 뒤를 돌아보는 자는

하느님 나라에 합당하지 않다.

(요한 21, 22; 루카 9, 59-62)


주님,

주님만을 온전히 따르게 하소서.

각자에게 주어진 당신의 소명을

담대히 마치게 하소서.

아멘♡


* * *


**모두 한 성령을 받아 마셨습니다.** (사도 12, 13)


주님, 저희 모두가 한 성령을 받아 마신

그리스도의 지체임을 잊지 않게 하소서.

믿는 이들의 마음을 성령으로 가득 채우시어,

저희 안에 사랑의 불이 타오르게 하소서.

넘어지고 넘어져도 다시 일어나 주님의 길 걷게 하소서.

아멘✝

# 3부

# 연중 시기

◆

## 오늘을 살아가는 믿음

성령 강림 대축일 다음 날 ~ 대림 제1주일 전날

특별하지 않은 날의 기도

반복되는 일상 속 말씀

지치지 않고 걷는 법

오늘이라는 자리에서 부르심

**밀알 하나가 땅에 떨어져**

**죽지 않으면 한 알 그대로 남고,**

**죽으면 많은 열매를 맺는다.** (요한 12, 24)


주님,

제 안에 있는

교만, 인색, 질투, 분노, 음욕, 탐욕, 나태.

죄의 뿌리인 7죄종을 땅에 묻어 썩게 하소서.

밀알이 썩어 죽어야 많은 열매를 맺듯

나가 죽어 그 가운데 예수성심만 남아

사랑의 열매 맺게 하소서.


아버지, 가끔 저의 부족함으로

제 마음이 시궁창 같을 때가 많아

힘들고 괴롭습니다.

넘어지고 쓰러져도 다시 일어나

주님의 길 따르게 하소서.

아멘♡

**의로운 이의 제물은 제단을 기름지게 하고**

**그 향기가 지극히 높으신 분께 올라간다.** (집회서 35, 8)


주님께서는 갚아 주시는 분,

의로운 사람이 되게 하소서.

의로운 사람이 되도록 영적인 조력자가 되게 하소서.

스스로 돕는 자에게 약속하신 백배의 열매 맺게 하소서.

당신께서 세우신 성체성사 앞에

저희가 빈손으로 나타나지 않게 하소서.

아멘♡


* * *


**당신 사랑으로 너를 새롭게 해 주시고,**

**너 때문에 환성을 올리며 기뻐하시리라.** (스바니야 3, 17)


주님, 사람이 아닌 주님만을 바라보게 하소서.

사람들이 아닌 주님 말씀으로 제 마음 채워 주소서.

십자가는 지는 것이 아니라,

끌어안는 것임을 깨닫고 실천하게 하소서.

당신 말씀 안에 머물러 당신 사랑으로 새롭게 해 주소서.

아멘♡

**모든 훈육이 당장은 기쁨이 아니라, 슬픔으로 여겨집니다.
그러나, 나중에는 그것으로 훈련된 이들에게
평화와 의로움의 열매를 가져다줍니다.** (히브리서 12, 11)


주님,
그때가 기쁨을 위한 슬픔이었음을,
그때가 열매를 위한 훈련이었음을
이제는 아옵니다.
이제는 제가 주님의 사랑을 아옵니다.
아멘♡


* * *


**내가 너에게 무엇을 해 주기를 바라느냐?** (마르코 10, 51)


주님, 자비를 베풀어 주소서.
제가 싸매고 있는 겉옷은 무엇이옵니까?
그 겉옷을 벗어 던지게 하소서.
눈먼 제가 다시 태어나
당신의 눈으로 세상을 볼 수 있게 하소서.
아멘♡

**그 무화과나무가 뿌리째 말라 있는 것을 보았다.** (마르 11, 20)

주님, 주님께서 다가오실 때
많은 열매가 달린 신앙인이며 교회이게 하소서.
당신을 모신 저희 마음속 성전도 잎만 무성한 무화과나무인지,
강도들의 소굴은 아닌지 깨어나 바로 볼 수 있게 하소서.
아멘♡

**너희가 기도하며 청하는 것이 무엇이든 그것을 받은 줄로 믿어라.**
**그러면 너희에게 그대로 이루어질 것이다.** (마르코 11, 24)

* * *

**서로 뜻을 같이하고 평화롭게 사십시오.**
**그러면 사랑과 평화의 하느님께서 여러분과 함께 계실 것입니다.**
(코린2 13, 11)

제 안에 계시는 임마누엘 하느님,
당신께서 저희를 어떻게 사랑하시는지를 보게 하소서.
서로를 내어주어 선물이 되게 하소서.
저는 너무 나약해서 자주 넘어지오니
당신 뜻 실천할 수 있도록
저와 함께 항상 머물러 주소서. 아멘♡

**그들에게 아들을 보냈다.** (마르코 12, 6)

주님,
하느님께서 외아드님을 보내신 것은
저희를 사랑하시고 구원하기 위하심입니다.
수천 년 동안 저희의 머릿돌이 되셨습니다.
때론 수박을 먹으며 하느님의 신비를 체험하면서도
언제는 나쁜 소작인으로 바뀌어 마음으로 매질하며
많은 죄를 짓습니다.

주님,
사랑하는 외아드님의 수난과 십자가와 사랑을
다시 새기게 하소서.
당신 말씀 안에 머물도록 깨어 있게 하소서.
저와 함께 항상 머물러 주소서.
아멘♡

오늘 아침 묵상 중에 얻은 말씀입니다.

사람들의 거울에 비친 너의 모습 때문에 마음 상하지 마라.
오직 예수님의 거울에 비친 너의 모습만 생각하라,
그분의 거울은 완전하니 지금 비추인 너의 모습
그대로 사랑하며 곧 온전케 해 주시리라.
그분께 의탁하고 침묵 속에서 기도하여라.
아멘♡

**하느님의 것은 하느님께 돌려드려라.** (마르코 12, 17)

하느님, 아버지께 저를 봉헌하옵니다.

주님의 종이오니 그대로 제게 이루어지소서.

당신의 말씀 안에서 말씀에 따라

당신께서 기뻐하실 모습으로 온전히 봉헌하게 하소서.

아멘♡

* * *

어제는 다양한 사람들의 모습 속에서

예수님을 뵈었습니다.

참 아름답고 순수한 모습들이었습니다.

마음이 고요하고 차분했습니다.

드러내지 않아도 좋았고,

오롯이 제각각인 모습들이 아름다웠습니다.

그 가운데에 기도하는 저를 보았습니다.

함께 머무심 속에 제가

분명 치유되고 있음을 느꼈습니다.

감사합니다, 하느님.

아멘♡

**너희가 성경도 모르고 하느님의 능력도 모르니까
그렇게 잘못 생각하는 것이 아니냐?** (마르코 12, 24)

아버지 하느님, 당신을 더 깊이 알고 싶습니다.
듣는 마음을 주시어 듣게 하시고
볼 수 있는 마음을 주시어 보게 하소서.
저희 눈에 있는 하얀 막을 벗겨
당신의 빛을 보게 하소서.
당신의 말씀을 더 깊이 깨닫게 하소서.
아멘♡

＊　＊　＊

**첫째는… 주 너의 하느님을 사랑해야 한다.
둘째는… 네 이웃을 너 자신처럼 사랑해야 한다.
이보다 더 큰 계명은 없다.** (마르코 12, 29–31)

아버지 하느님,
당신의 사랑을 알고 마음속 깊이 새기게 하소서.
제가 그 사랑에 사랑으로 응답할 수 있도록 도와주소서.
사랑이 있는 곳에 당신 계심을 깨닫고 느끼게 하소서.
제가 항상 그곳으로 당신을 만나러 갈 수 있도록 도와주소서.

**하느님, 당신이 응답해 주시니, 제가 당신께 부르짖나이다.**
**귀 기울여 제 말씀 들어주소서.** (시편 17, 6)

주님, 하루하루가 당신의 축복입니다.
그 기쁨만으로도 매일 매 순간 당신을 찬양하게 하소서.
토빗과 사라에게 베푸신 자비와 은총을 기억하게 하소서.
당신께서 원하시는 때와 방식으로
기도에 응답해 주심을 알게 하소서.
아멘♡

* * *

**저 가난한 과부가 헌금함에 돈을 넣은**
**다른 모든 사람보다 더 많이 넣었다.** (마르코 12, 43)

주님, 당신께서 주시는 사랑을 깨닫게 하소서.
그 감사함으로 마음을 다하여 봉헌하게 하소서.
제가 집착하는 것들을 봉헌하여 비워 나가게 하소서.
진실한 기도와 의로운 자선으로 당신 사랑에 응답하게 하소서.
아멘♡

**내 살을 먹고 내 피를 마시는 사람은 내 안에 머무르고,
나도 그 사람 안에 머무른다.** (요한 6, 56)

빛으로 인도하시는 주님,
당신께서 세우신 성체성사의 사랑을 지키게 하소서.
아멘♡

*  *  *

**진리의 허리띠와 의로움의 갑옷을 두르고
복음의 신을 신고 믿음의 방패와 구원의 투구,
성령의 칼을 쥐고 늘 성령 안에서 기도하며
모든 성도들을 위해 간구하며 깨어 있게 하소서.
성령의 칼은 하느님의 말씀입니다.** (에페 6, 17)

주님, 저희의 악습과 부족한 부분을
부마의 재료가 되지 않게 하소서.
서로 사랑하며 용서하게 하소서.
당신의 말씀이 저희 가운데에 풍성히 머무르게 하소서.
아멘♡

**행복하여라.**

**기뻐하고 즐거워하여라.**

**너희가 하늘에서 받을 상이 크다.** (마태 5, 3. 12)


주님, 구원은 여기에서 시작하고

하늘에서 완성됨을 알게 하소서.

아멘♡

너희의 빛이 사람들 앞을 비추어,

그들이 너희의 착한 행실을 보고

하늘에 계신 너희의 아버지를 찬양하게 하여라. (마태 5, 16)


주님,

산 위에 자리 잡은 고을이게 하시며

등경 위에 놓인 등불이게 하소서.

하느님께 뿌리박은 나무이게 하시며

누군가의 그늘이게 하소서.

아멘♡


＊　＊　＊


스스로 지키고 또 그렇게 가르치는 이는

하늘나라에서 큰 사람이라고 불릴 것이다. (마태 5, 19)


주님, 아주 작은 계명이라도 하느님이 주시는

커다란 은총의 통로가 될 수 있음을 알게 하소서.

스스로 지켜 당신의 뜻을 이루게 하소서.

아멘♡

**어둠 속에서 빛이 비치어라.** (2코린토 3, 6)


주님,
제 마음 구석구석 비추시어 너울을 벗게 하소서.
아멘♡


＊　＊　＊


**내 멍에를 메고 나에게 배워라.**
**내 멍에는 편하고 내 짐은 가볍다.** (마태 11, 29)


주님, 당신의 온유와 겸손을 닮게 하소서.
세상의 멍에가 아닌 당신의 멍에를 메게 하시고
세상의 짐을 내려놓아 당신의 짐을 지게 하소서.
그것이 당신께서 주시는 기쁨과 안식을 얻는 방법이오며,
제 안에 있는 그리스도의 마음을 자라게 하는 양식임을 아옵니다.
깨달은 대로 실천하게 하소서.
주님께서 함께하지 않으시면 저는 아무것도 할 수가 없습니다.
제 안에 항상 머물러 주소서.
아멘♡

내 백성의 후손은 민족들 사이에,

내 백성의 자손은 겨레들 가운데에 널리 알려져,

그들을 보는 자들은 모두,

그들이 주님께 복받은 종족임을 알게 되리라.

(이사야 61, 9)


아버지 하느님,

아버지의 말씀은 진리이오며 그대로 이루어짐을 아옵니다.

저희의 마음과 입술에 머무시어

복음을 합당하고 충실히 선포하게 하소서.

아멘♡


"내가 너에게 보여 줄 땅으로 가거라.

나는 너를 큰 민족이 되게 하고,

너에게 복을 내리며, 너의 이름을 떨치게 하겠다.

그리하여 너는 복이 될 것이다."

(창세기 12, 1-3)

**하늘나라가 가까이 왔다.**

**너희가 거저 받았으니 거저 주어라.** (마태 9, 7-8)


주님,

아버지의 뜻이 이루어지는 곳이 하늘나라임을 믿습니다.

거저 받은 것 거저 주게 하소서.

아무도 모르게 하여 하늘에 닿게 하소서.

아멘♡


* * *


**악인에게 맞서지 마라.** (마태 5, 39)


주님,

"아무에게도 악을 악으로 갚지 말고,

모든 사람에게 좋은 일을 해 줄 뜻을 품으십시오.

스스로 복수할 생각을 하지 말고 하느님의 진노에 맡기십시오.

선으로 악을 굴복시키십시오"(로마 12, 17-21) 하신

그 말씀을 잊지 않게 하소서.

아멘♡

**너희는 원수를 사랑하여라. 그리고,**

**너희를 박해하는 자들을 위하여 기도하여라.** (마태 5, 44)


아버지 하느님, 원수를 사랑하라고 하신 말씀은

저에겐 너무도 어려운 일이옵니다.

그러니, 저를 비우고 남을 판단하지 말고

있는 그대로를 받아들여, 원수를 만들지 않게 하소서.

당신을 닮게 하소서.

부족한 가운데 당신의 완벽함으로 이끄소서.

아멘♡


* * *


**숨은 일도 보시는 네 아버지께서**

**너에게 갚아 주실 것이다.** (마태 6, 4)


아버지 하느님,

사람들뿐만 아니라 당신께도 나팔을 불지 않게 하소서.

저도 모르게 행하게 하소서.

그리하여 땅에서 오는 것이 아닌,

하늘에서 오는 기쁨을 누리며

제 마음속 깊이 계신 당신을 만나게 하소서.

아멘♡

너희는 기도할 때에⋯ 빈말을 되풀이하지 마라⋯.

너희 아버지께서는 너희가 청하기도 전에

무엇이 필요한지 알고 계신다.

(마태 6, 7-8)


아버지 하느님,

빈말이 아닌, 마음으로 기도하게 하소서.

삶으로 기도하게 하소서.

아멘♡


그러므로 내일을 걱정하지 마라.

내일 걱정은 내일이 할 것이다.

그날 고생은 그날로 충분하다.

(마태 6, 34)

하늘에 보물을 쌓아…

너의 보물이 있는 곳에 너의 마음도 있다.

눈은 몸의 등불이다.

(마태 6, 20-22)


주님, 하늘에 보물을 쌓게 하소서.

라자로를 외면한 어리석은 부자의

저승에서의 절규를 잊지 않게 하소서.

아멘♡


"라자로를 보내시어 그 손가락 끝에 물을 찍어

제 혀를 식히게 해 주십시오."

(루카 16, 24)

**나는 그분의 신발 끈을 풀어 드리기에도**

**합당하지 않다.** (사도 13, 25)


아버지 하느님,

"그분은 커지셔야 하고 나는 작아져야 한다"(요한 3, 30)

세례자 요한의 말씀을 기억하게 하소서.

그 겸손을 배워 빛이신 당신을 증언하고

종을 통해 드러내신 당신의 영광을 당신께 봉헌하게 하소서.

아멘♡


* * *


**여러분의 입에서는 어떠한 나쁜 말도 나와서는 안 됩니다.**

**필요할 때에 다른 이의 성장에 좋은 말을 하여,**

**그 말이 듣는 이들에게**

**은총을 가져다줄 수 있도록 하십시오.** (에페소서 4, 29)


주님, 제 입술에 머물러 주시어 지켜 주소서.

아멘♡

**네 고향과 친족과 아버지의 집을 떠나,
내가 너에게 보여 줄 땅으로 가거라….
너는 복이 될 것이다.** (창세기 12, 1-2)

선하신 아버지 하느님,
이해할 수 없는 상황에 놓일 때
당황하거나 분노하지 않게 하소서.
침묵 속에서 기도하며 당신의 뜻이 무엇일지 묻게 하시며
당신의 말씀대로 하게 하소서.
아멘♡

*　*　*

**남이 너희에게 해 주기를 바라는
그대로 너희도 남에게 해 주어라.** (마태 7, 12)

아버지 하느님,
당신께서 주신 모든 것에 감사하게 하소서.
이미 받았으니 주게 하소서.
아멘♡

**좋은 나무는 모두 좋은 열매를 맺고
나쁜 나무는 나쁜 열매를 맺는다.** (마태 7, 17)

주님, 좋은 열매를 맺는 좋은 나무이게 하소서.
아버지께서 주신 말씀이 물이고 빛이옵니다.
빛이신 당신만을 바라보게 하시고
당신께 뿌리박은 나무이게 하소서.
아멘♡

＊ ＊ ＊

**내가 이 반석 위에 내 교회를 세울 터인즉,
저승의 세력도 그것을 이기지 못할 것이다.** (마태 16, 18)

아버지 하느님, 매일 보고 드나드는 교회가
당신께서 세우신 교회임을 잊지 않게 하소서.
베드로와 바오로를 비롯한 모든 성인들과 믿음의 선조들이
믿어 지켜 낸 보물임을 잊지 않게 하소서.
아멘♡

**내가 하고자 하니 깨끗하게 되어라.** (마태 8, 3)


주님, 저의 죄를 씻어 주소서.
당신께서 아브라함에게
"너는 내 앞에서 살아가며 흠 없는 이가 되어라"(창세기 17, 1)
하신 말씀으로 흠 없는 이가 되게 해 주소서.
아멘♡

**주님께서는 하고자 하시면**
**저를 깨끗하게 하실 수 있습니다.** (마태 8, 2)


* * *


**네가 믿은 대로 될 것이다.** (마태 8, 13)


주님, 백인 대장의 믿음을 닮게 하소서.
죽은 라자로를 살리시며 마르타에게 하신 말씀 잊지 않게 하소서.
당신께 대한 믿음으로 매일 마주하는 삶 속에서
하느님의 영광을 보게 하소서. 아멘♡

**네가 믿으면 하느님의 영광을 보리라고**
**말하지 않았느냐?** (요한 11, 40)

**주님께서 주셨다가 주님께서 가져가시니**

**주님의 이름은 찬미 받으소서.**

**이 모든 일을 당하고도 욥은 죄를 짓지 않고**

**하느님께 부당한 행동을 하지 않았다.** (욥기 1, 21–22)


주님, 저의 의로움을 변명하지 않게 하소서.

악인에 대한 심판에 사로잡혀 있지 않게 하소서.

침묵 속에서 당신의 뜻 헤아리게 하소서.

어떤 경우에도 내가 아닌 주님의 마음으로 행동하게 하시며

죄를 짓지 않게 하소서.

아멘♡


* * *


**가서 "하늘나라가 가까이 왔다."**

**하고 선포하여라.** (마태 10, 7)


아버지 하느님,

사랑하는 가족과 함께 사는 곳이 '우리 집'이듯이

주님과 함께하는 삶이 곧 '하늘나라'이옵니다.

제게 늘 머물러 주소서.

아멘♡

"저의 주님, 저의 하느님!"
…보지 않고도 믿는 사람은 행복하다.

(요한 20, 28-29)


저의 주님, 저의 하느님,

토마스를 통해 정직한 믿음을 구함과 의심 가운데서도

공동체를 떠나지 않았음을 기억하게 하소서.

공동체 안에서 연단의 시간을 담대히 받아들이게 하소서.

그것을 통해 성령의 열매를 맺게 하소서.

주님을 하느님이라고 고백하게 하소서.

아멘♡


"오로지 믿기만 하시오.

그러면 당신은

그분의 모든 것을 받게 됩니다."

(성 아우구스티노)

**왜 겁을 내느냐? 이 믿음이 부족한 자들아!** (마태 8, 26)

아버지 하느님, 몇 번을 돌아봤는지 모릅니다.
제 마음에 있는 소금기둥을 녹여 주소서.
당신께서 인도해 주시는 그 길만을 묵묵히 걷게 하소서.
아멘♡

**네 길을 주님께 맡기고 그분을 신뢰하여라.**
**그분께서 몸소 해 주시리라.** (시편 37, 5)

* * *

**걱정하지 마라. 너희가 무엇을 말해야 할지,**
**그때 너희에게 일러 주실 것이다.** (마태 10, 19)

제 안에서 말씀하시는 아버지 하느님,
기도를 통해 당신의 목소리에 귀 기울이게 하소서.
제게 말씀해 주소서.
당신께 대한 믿음으로 제가 의롭게 되리이다.
언제 어디서나 아버지께 감사하게 하소서.
아멘♡

**너는 나를 불러라. 내가 대답할 것이다.** (예레 33, 3)

"아브라함아, 아브라함아!"
"예, 여기 있습니다." (창세기 22, 11)

아버지 하느님, 부르시면 제가 대답하오리다.
아브라함의 믿음을 더하여 주소서.
마음을 다하여 당신의 말씀에 순종할 수 있도록
믿음의 용기와 지혜를 주소서.
아멘♡

너의 아들, 너의 외아들까지 아끼지 않았으니,
나는 너에게 한껏 복을 내리고,
네 후손이 하늘의 별처럼,
바닷가의 모래처럼
한껏 번성하게 해 주겠다. (창세기 22, 16-17)

**새 천 조각을 헌 옷에 대고 꿰매지 않는다….**
**새 포도주를 헌 가죽 부대에 담지 않는다.** (마태 9, 16-17)


아버지 하느님,
제가 새롭게 되리이다.
저를 비워
주님, 당신을 담게 하소서.
아멘♡


* * *


**용기를 내어라. 네 믿음이 너를 구원하였다.**
**바로 그때 그 부인은 구원을 받았다.** (마태 9, 22)


말씀만으로도 병을 고쳐 주시는 주님,
회당장과 여인의 믿음을 새기게 하소서.
믿음으로 몸과 마음을 치유받게 하소서.
아멘♡


**가거라, 네가 믿은 대로 될 것이다.**
**바로 그 시간에 종이 나았다.** (마태 8, 13)

**우리 목숨을 살리시려고 하느님께서는**

**나를 여러분보다 앞서 보내신 것입니다.** (창세기 44, 5)


아버지 하느님,

세월이 지나야 알 수 있는

당신의 크신 사랑과 섭리를

어찌 지금 알겠사옵니까.

주님의 종이오니 그대로 제게 이루어지소서.

아멘♡


* * *


**내가 바라는 것은 희생 제물 아니라 자비다.**

**사람의 아들은 안식일의 주인이다.** (마태 12, 7-8)


주님, 본질을 보게 하시고 진리를 보게 하소서.

자비와 사랑으로 죄 없는 이들을 단죄하지 않게 하소서.

진리의 근원은 아버지 하느님이십니다.

아멘♡

**사람들이 너희를 넘길 때,**
**어떻게 말할까, 무엇을 말할까**
**걱정하지 마라.** (마태 10, 19)

아버지 하느님,
당신께 묻고 행하게 하소서.
나를 드러내는 것이 내가 아니라,
당신의 말씀을 전하는 내가
진정 나임을 알게 하소서.

주님께서는 제가 무엇을 하기를 바라십니까?
주님께서는 제가 무엇을 전하길 원하십니까?
주님께서는 제가 무엇을 깨닫기를 원하십니까?
아멘♡

**하늘나라는 겨자씨와 같다.** (마태 13, 31)


아버지 하느님,

제 마음밭에도 좋은 씨와 가라지가 함께 있사옵니다.

당신의 말씀으로 잘 가꾸어

사랑과 자비의 숲을 이루게 하소서.

아멘♡


*　*　*


**형님들은 나에게 악을 꾸몄지만,**

**하느님께서는 그것을 선으로 바꾸셨습니다.**

**그것은 오늘 그분께서 이루신 것처럼,**

**큰 백성을 살리시려는 것이었습니다.** (창세기 49, 20)


아버지 하느님,

당신께서는 모든 악도 선으로 바꾸시어 역사하시는 분이시니

걱정할 것도, 두려워할 것도 없음을 아옵니다.

언제나 기뻐하며 끊임없이 기도하며

모든 일에 감사하게 하소서.

아멘♡

**좋은 땅에 뿌려진 씨는 이러한 사람이다.**

**그는 말씀을 듣고 깨닫는다.**

**그런 사람은 열매를 맺는데,**

**어떤 사람은 백 배, 어떤 사람은 예순 배,**

**어떤 사람은 서른 배를 낸다.** (마태 13, 23)


아버지 하느님,

씨앗은 하느님의 말씀이요, 씨 뿌리는 이는 그리스도이시니,

사랑의 쟁기로 마음밭을 잘 가꾸어

좋은 땅에 당신의 말씀이 뿌리내리어 열매 맺게 하소서.

아멘♡


* * *


**여인아, 왜 우느냐? 누구를 찾느냐?** (요한 20, 15)


아버지 하느님,

수난의 처음과 끝을 함께 한 막달레나를 닮아

늘 주님과 함께하게 하소서.

주님께 대한 사랑과 의로움으로

주님 부활 첫 기쁨의 영광을 주셨나이다.

아멘♡

내가 세상에 평화를 주러 왔다고 생각하지 마라.
평화가 아니라 칼을 주러 왔다.

(마태 10, 34)


주님,
아버지 하느님께서 주신 말씀인 성령의 칼을 받아 쥐어
참된 평화를 위해 거짓 평화와 싸우게 하소서.
아멘♡


내가 주는 평화는 세상이
주는 평화와 같지 않다.

(요한 14, 27)


구원의 투구를 받아 쓰고 성령의 칼을 받아 쥐십시오.
성령의 칼은 하느님의 말씀입니다.

(에페 6, 17)

예수님께서 당신이 기적을 가장 많이 일으키신

고을들을 꾸짖기 시작하셨다.

그들이 회개하지 않았기 때문이다.

(마태 11, 20)


주님, 하루하루가 당신께서 주신 기적이옵니다.

숨 쉬는 이 순간도, 사랑하는 가족과 함께 있는 이 순간도

모두 주님께서 허락하신 기적들이옵니다.

기뻐하며 감사하게 하소서.

기도하며 회개하며 당신 뜻에 귀 기울이게 하소서.

아멘♡

**하느님께서 모세에게 "나는 있는 나다" 하고 대답하시고…**
**"있는 나께서 나를 너희에게 보내셨다." 하여라.** (탈출기 3, 14)


"있는 나"이신 아버지 하느님,
세속과 육신에 얽매이는 삶이
곧 이집트에서의 종살이와 같음을 아옵니다.
당신 안에 머물러 삶의 출애굽을 완성하게 하소서.
아멘♡


* * *


**악하고 절대 없는 세대가 표징을 요구하는구나!** (마태 12, 40)


주님,
당신의 죽음과 부활, 그리고 보내 주신 성령만큼
더 큰 사랑과 표징은 없사옵니다.
저희 삶을 통한 죽음과 부활로 당신의 말씀을 실천하는 것이
아버지를 증거하는 것이며 자녀 된 도리이며
당신의 마지막 유언을 이루어 드리는 것입니다.
아멘♡


**보지 않고도 믿는 사람은 행복하다.** (요한 20, 29)

**사람의 아들도 섬김을 받으러 온 것이 아니라 섬기러 왔고,**
**또 많은 이들의 몸값으로 자기 목숨을 바치러 왔다.** (마태 20, 28)


아버지 하느님,
물과 같이 낮은 데로 임하게 하소서.
자기를 드러냄이 없이
있는 그대로의 모습으로 담기는 물과 같이,
당신의 말씀 그대로 살게 하소서.
아멘♡


* * *


**어떤 것들은 좋은 땅에 떨어져 열매를 맺었는데,**
**어떤 것은 백 배, 어떤 것은 예순 배,**
**어떤 것은 서른 배가 되었다.** (마태 13, 8)


주님, 아버지 하느님의 좋은 땅이셨던 당신을 본받아
이 세상에 사랑의 씨앗을 뿌려 백 배의 열매를 맺게 하소서.
아멘♡


**한 사람의 불순종으로 많은 이가 죄인이 되었듯이,**
**한 사람의 순종으로 많은 이가 의로운 사람이 될 것입니다.**

(로마 5, 19)

**너희의 눈은 볼 수 있으니 행복하고,**

**너희의 귀는 들을 수 있으니 행복하다.** (마태 13, 16)


제 안에 계신 아버지 하느님,

당신의 눈으로 세상을 보고.

당신의 귀로 마음을 듣게 하소서.

아멘♡


**나를 기억함은 꿀보다 달고**

**나를 차지함은 꿀 송이보다 달다.** (집회 24, 20)


*　*　*


**좋은 땅에 뿌려진 씨는 이러한 사람이다.**

**그는 말씀을 듣고 깨닫는다.** (마태 13, 23)


아버지 하느님,

당신의 말씀을 깨닫고 응답하는 삶이게 하소서.

인내와 겸손으로 열매 맺게 하소서. 아멘♡


**주님께서는 당신을 진실하게 부르는**

**모든 이에게 가까이 계시다.** (시편 145, 18)

**네가 무엇이든지 땅에서 매면 하늘에서도 매일 것이고,**

**네가 무엇이든지 땅에서 풀면 하늘에서도 풀릴 것이다.**

(마태 16, 19)


아버지 하느님, 살아 있는 삶 속에서 살아 계신 하느님을 만나

저희 삶을 통한 신앙고백을 통해 하늘나라의 열쇠를 얻게 하소서.

당신의 선과 사랑에 메이게 하시고

마음밭 죄와 악에서 풀리게 하소서. 아멘♡


*  *  *


**나는 부활이요 생명이다.**

**나를 믿는 사람은 죽더라도 살고, 또 살아서**

**나를 믿는 모든 사람은 영원히 죽지 않을 것이다.** (요한 11, 25)


아버지 하느님,

사랑은 당신께서 저희를 창조하신 이유이며,

당신을 알 수 있는 유일한 방법이며,

당신께서 저희에게 원하시는 단 한 가지며,

하느님은 사랑이시니(1요한 4, 16)

사랑이 곧 부활이요, 생명이옵니다.

사랑은 주어진 본능이 아니라,

당신께서 주신 선물임을 알게 하소서. 아멘♡

**하늘나라는 밭에 숨겨진 보물과 같다.** (마태 13, 44)

아버지 하느님,
당신께서 아버지이시고, 사랑이시고,
얼마나 저희를 사랑했는지,
지금도 얼마나 사랑하고 계신지를 아는 것이
저에게는 가장 큰 보물이옵니다.
듣는 마음으로 분별하고
사랑함으로 당신을 비추게 하소서.
아멘♡

＊　＊　＊

**겨자씨는 어떤 씨앗보다도 작지만,**
**자라면 어떤 풀보다도 커져 나무가 되고,**
**하늘의 새들이 와서 그 가지에 깃든다.** (마태 13, 32)

빛이시며 생명이신 주님,
겨자씨 안에 큰 나무를 품고 있음을 믿나이다.
빛이신 당신만을 바라보며 자라나게 하소서.
많은 이들에게 쉼을 주는 큰 나무이게 하소서.
아멘♡

**이 백성이 목이 뻣뻣하기는 하지만**

**저희 죄악과 저희 잘못을 용서하시고**

**저희를 당신 소유로**

**삼아 주시기를 바랍니다.**

(탈출 34, 8)


언제나 함께하시는 주님,

뻣뻣함의 어리석음을

당신을 향한 의인의 지혜로 바꿔 주소서.


겸손과 온유로 당신을 비추게 하시고,

따뜻한 말씨를 뿌려

당신의 사랑이 열매 맺게 하소서.

아멘♡

**하늘나라는 밭에 숨겨진 보물과 같다.**

(마태 13, 44)


아버지 하느님,

열심히 쟁기질을 했던 이에게 보물도 보일 겁니다.

깊숙이 묻힌 보물은 깊이 파야 보일 겁니다.

뭉툭한 쟁기로는 땅이 파지지 않을 겁니다.

보물을 봐도 보물인지를 알아야 보일 겁니다.

길이 아닌 밭에서 보물을 찾아야 보일 겁니다.


주님, 인도하소서.

삶이라는 밭에서 주님을 알고

주님을 만나는 것이 참된 보물임을,

당신의 말씀을 실천하는 것이

밭을 일구고 보물을 찾는

유일한 길임을 알게 하소서.

아멘♡


**내가 그리스도를 얻고**

**그분 안에 있으려는 것입니다.**

(필리피 3, 9)

**하늘나라는 바다에 던져 온갖 종류의 고기를
모아들인 그물과 같다.**

(마태 13, 47)


아버지 하느님,
온갖 종류의 고기와 같이
잔치방은 손님들로 가득 찼습니다.
혼인 잔치에 예복을 차려입어
초대에 마땅한 이가 되게 하소서.
늘 깨어 있어 기도하게 하시며
당신 마음에 드는 마음이게 하소서.
아멘♡


**사실 부르심을 받은 이들은 많지만
선택된 이들은 적습니다.** (마태 22, 14)

**저 사람은 목수의 아들이 아닌가?** (마태 13, 55)

가장 낮은 곳으로 임하신
아버지 하느님,
보이는 것이 전부가 아님을 알게 하소서.
당신을 경외함으로 보이지 않는 면도 볼 수 있는
지혜와 통찰을 얻게 하시어
편견과 교만에 빠지지 않게 하소서.
아멘♡

* * *

**주님, 주님이시거든 저더러**
**물 위를 걸어오라고 명령하십시오.** (마태 14, 28)

아버지 하느님,
연약함에도 충실한 믿음을 지녔던 베드로를
교회의 반석으로 세우신 주님,
그 뜻을 헤아리게 하소서. 아멘♡

**주님, 주님께서는 모든 것을 아십니다.**
**제가 주님을 사랑하는 줄을 주님께서는 알고 계십니다.**
(요한 21, 17)

그분의 얼굴은 해처럼 빛나고
그분의 옷은 빛처럼 하얘졌다. (마태 17, 2)


거룩하게 변모하신 주님,
자기만의 초막을 허물고,
기도와 말씀과 성사를 통해
주님의 빛나는 모습을 닮게 하소서. 아멘♡


너희는 세상의 빛이다….
너희의 빛이 사람들 앞을 비추어,
그들이 너희의 착한 행실을 보고
하늘에 계신 너희 아버지를
찬양하게 하여라. (마태 5, 14-16)

그것들을 이리 가져오너라.
하늘을 우러러 찬미를 드리신 다음 빵을 떼어 주시니
사람들은 모두 베풀리 먹었다.
남자만도 오천 명이었다. (마태 14, 18-21)

아버지 하느님,
많은 사람을 이롭게 하고자 하는 그 마음과 사랑이
당신 기적의 비밀임을 아옵니다.
오병이어가 오천 명을
먹일 수 있는 양식이 될 수 있음은
어린 소년의 작은 봉헌에서 시작됨을 알게 하소서.
오늘도 하늘을 우러러 감사의 찬미를 올리옵니다.
아멘♡

주님께서 명령하시어,
너희의 곳간과 너희 손이 하는 모든 일에
복이 넘치게 하실 것이다. (신명기 28, 8)

"내가 구름 사이에 무지개를 둘 터이니,
이것이 나와 땅 사이에 세워진
계약의 표가 될 것이다"
(창세기 9, 13)


아버지 하느님,
당신의 변함없는 사랑과
계약의 신실하심을 알게 하소서.
아멘♡

**밀알 하나가 땅에 떨어져 죽지 않으면 한 알 그대로 남고,**

**죽으면 많은 열매를 맺는다.** (요한 12, 24)


아버지 하느님,

삶 속에서 하나의 밀알이 되게 하소서.

당신이 있는 곳에 당신을 섬기는 사람으로 함께 있게 하소서.

아멘♡


**지금이 바로 구원의 날입니다.** (2코린 6, 2)


* * *


**너희는 이방인을 사랑해야 한다.**

**너희도 이집트 땅에서 이방인이었기 때문이다.** (신명기 10, 19)


아버지 하느님,

아버지 아래 한 나뭇가지임을 잊지 않게 하소서.

당신 말씀 안에 머물지 않으면 피를 나눈 형제들도

먼 이방인들보다 멀 때도 많사옵니다.

마음을 다하여 당신 안에 머물게 하소서.

아멘♡

누구든지 내 뒤를 따라오려면,

자신을 버리고 제 십자가를 지고,

나를 따라야 한다. (마태 16, 24)


아버지 하느님,

자신을 버리는 것이 진정 나를 사랑하는 것임을 알게 하소서.

저희가 지는 십자가를 통해 당신의 사랑을 보게 하소서.

아멘♡


십자가는 하늘로 올라가는 사다리이며

천당의 문을 여는 열쇠입니다.

(성 요한 비안네)

**너희를 이집트 땅, 종살이하던 집에서 끌어내신
주님을 잊지 않도록 조심하여라.** (신명기 6, 12)

아버지 하느님,
세상 것에 종살이하지 않도록 인도해 주셨음을 믿나이다.
각자의 가나안 땅으로 이미 인도하셨음을 믿나이다.
당신만을 의지하며 물가에 심긴 나무 같은 자 되어
인도하신 지금 이곳에서 당신 뜻 이루게 하소서.
아멘♡

＊　＊　＊

**주님, 저를 구해 주십시오.** (마태 14, 30)

아버지 하느님,
아무리 뛰어난 어부라도 흔들리는 믿음 속에서는
물에 빠져 허우적댐을 깨닫게 하소서.
부족했던 베드로는 저희의 모습이며,
거꾸로 십자가에 순교하여
주님을 증거한 그 모습도 저희이게 하소서.
믿음에 믿음을 더하여 주소서.
아멘♡

**행복하십니다.**
**주님께서 하신 말씀이**
**이루어지리라고 믿으신 분!** (루카 1, 45)


아버지 하느님,
성모님의 기도와 순종과 실천을 닮아
살아 있는 믿음(야고 2, 17)이게 하소서.
당신의 말씀을 선포하고 확언하게 하소서.
믿는 대로 그대로 될 것임을 믿나이다.
그 믿음의 참된 행복을 누리게 하소서.
아멘♡


**겨자씨 한 알만 한 믿음이라도 있으면,**
**이 산더러 '여기서 저기로 옮겨 가라' 하더라도**
**그대로 옮겨 갈 것이다.**
**너희가 못할 것은 하나도 없을 것이다.** (마태 17, 20)

**너희 가운데 두 사람이 이 땅에서 마음을 모아 무엇이든 청하면,
하늘에 계신 내 아버지께서 이루어 주실 것이다.
두 사람이나 세 사람이라도 내 이름으로 모인 곳에는
나도 함께 있기 때문이다.** (마태 18, 20)


아버지 하느님,
당신의 몸과 피를 나누어 받은 한 나무의 가지며,
한 몸의 지체임을 잊지 않게 하소서.
저희가 하나 되게 하소서.
당신의 사랑 안에서 다가서는 용기와 받아들이는 지혜를 주시어
서로가 서로에게 형제가 되어 주게 하소서.
하나 된 마음으로 기도하여 그 크신 은총 함께 누리게 하소서.
아멘♡

**너희가 저마다 자기 형제를 마음으로부터 용서하지 않으면**

**하늘의 내 아버지께서도 너희에게**

**그와 같이 하실 것이다.** (마태 18, 35)


임마누엘 하느님,

저희와 항상 함께 계심을 잊지 않게 하소서.

그 따뜻한 사랑으로 용서하게 하시며

당신께 받은 용서받음으로

용서할 수 있는 은총 베풀어 주소서.

아멘♡


* * *


**하느님께서 맺어 주신 것을**

**사람이 갈라놓아서는 안 된다.** (마태 19, 6)


아버지 하느님,

이 땅에 옴과 같이 혼인으로 한 몸이 되고

가족을 이루게 한 것은 당신의 축복이며 은총이옵니다.

하느님께서 보내 주신 아내와 자녀들에게

헌신하며 봉사하고 섬기며 살다가 당신께 가게 하소서.

아멘♡

**사실 하늘나라는 이 어린이들과 같은 사람들의 것이다.**

(마태 19, 14)


아버지 하느님,

엄마, 아빠가 세상의 전부인 어린 시절이 있었습니다.

사람은 다 죽는다는 것을 알게 되고 엄마 아빠를 생각하며

눈물을 흘리던 그 시절이 있었습니다.

아버지께 그때 그 모습으로 온전히 의탁하게 하소서.

아멘♡


* * *


**어머님을 두고 돌아가라고 저를 다그치지 마십시오.** (룻 1, 16)


아버지 하느님,

나오미 여인의 상실감과 상처는,

며느리인 룻 여인의 의로움과 사랑으로

회복되고 치유되었음을 아옵니다.

이방인인 룻은 복을 받고 다윗왕의 증조모가 되었습니다.

룻을 통해 당신의 역사하심을 깊이 묵상하게 하소서.

아멘♡


**주님께서 네가 행한 바를 갚아 주실 것입니다.** (룻 2, 12)

**예수님께서는 한마디도 대답하지 않으셨다.**

**아, 여인아! 네 믿음이 참으로 크구나.**

**네가 바라는 대로 될 것이다.**

(마태 15, 23. 28)


아버지 하느님,

당신의 침묵을 통해 성찰과 회심의 시간을 깊게 하소서.

기도를 통한 믿음을 더하게 하소서.

강아지라 칭할 수 있는 겸손과

당신만이 줄 수 있는 자비에 대한 믿음과 간절함으로

당신의 시간을 기다리게 하소서.

아멘♡


**너희가 내 안에 머무르고 내 말이 너희 안에 머무르면**

**너희가 원하는 것은 무엇이든지 청하여라.**

**너희에게 그대로 이루어질 것이다.**

(요한 15, 7)

**선하신 분은 한 분뿐이시다.** (마태 19, 17)


아버지 하느님,

당신은 선하신 분, 한 분뿐이신 분,

당신만을 바라보게 하소서.

당신의 말씀 실천하게 하소서. 아멘♡


백 번 성경을 암송하는 것이 한 번 행함만 못하다.

행함은 곧 사랑이며 믿음과 희망의 열매이기 때문이다.

(김남오 신부님)


* * *


**부자가 하느님 나라에 들어가는 것보다**

**낙타가 바늘구멍으로 빠져나가는 것이 더 쉽다.** (마태 19, 24)


아버지 하느님,

가진 재물의 크기가 부와 가난을 분별하는 기준이 아님을 아옵니다.

밭에 묻힌 보물은 바로 '하느님'임을 알게 하시고,

가장 집착하는 재물인 '나'에 눈멀지 않고 당신께 봉헌하게 하소서.

당신께서 주신 합당한 재물에 감사하며

당신께서 기뻐하실 일을 통해 나누게 하소서. 아멘♡

**당신 품삯이나 받아서 돌아가시오.**

**내가 후하다고 해서 시기하는 것이오?** (마태 20, 14-15)


아버지 하느님,

당신께서 주신 은총에 감사하게 하소서.

돌아온 탕자를 대하는 아버지를 보는 형의 마음이,

이른 아침 포도밭에 간 일꾼들의 마음이

바로 저희의 부족한 모습입니다.

비교하여 손해 보는 것을 못 참는 부족함입니다.

나를 버리고 당신의 마음을 닮게 하소서.

아버지와 함께할 수 있다는 사실만으로

진정 기뻐할 수 있는 힘을 주소서. 아멘♡


* * *


**너희 가운데에서 가장 높은 사람은**

**너희를 섬기는 사람이 되어야 한다.** (마태 23, 11)


아버지 하느님, 손과 발에서 열매 맺게 하시고,

사랑과 섬김의 삶을 살게 하소서. 아멘♡


**남이 너희에게 해 주기를 바라는 그대로**

**너희도 남에게 해 주어라.** (마태 7, 12)

하늘을 두고 맹세하는 이는
하느님의 옥좌와 그 위에 앉아 계신 분을 두고
맹세하는 것이다.
(마태 23, 22)


아버지 하느님,
언제나 함께하심을 기뻐하며,
당신의 뜻을 헤아리기 위해 기도하며,
모든 일에 감사하며 사랑하게 하소서.
아멘♡


나에게 '주님, 주님!' 한다고
모두 하늘나라에 들어가는 것이 아니다.
하늘에 계신 내 아버지의 뜻을
실행하는 이라야 들어간다.
(마태 7, 21)

너는 그들 앞에서 떨지 마라.

내가 너를 구하려고

너와 함께 있기 때문이다.

(예레미야 1, 17-19)


아버지 하느님,

헤로데의 허세와 헤로디아의 증오와

치기에 찬 딸의 모습 또한

다 저희 안에 있음을 아옵니다.

당신의 자비로 성화되게 하소서.

요한의 의로움을 닮아

불의 앞에 떨지 않게 하소서.

아멘♡


**그분은 커지셔야 하고 나는 작아져야 한다.**

(요한 3, 30)

**깨어 있어라.** (마태 24, 42)


아버지 하느님,

도둑은 저희 마음의 혼란이옵니다.

기도하며 깨어 있게 하소서.

주인이 돌아와서 볼 때 그렇게 일하고 있는

충실하고 슬기로운 종이게 하소서. 아멘♡


**주인은 자기의 모든 재산을 그에게 맡길 것이다.** (마태 24, 47)


* * *


**나는 하느님 나라의 기쁜 소식을 다른 고을에도 전해야 한다.**
**사실 나는 그 일을 하도록 파견된 것이다.** (루카 4, 43)


아버지 하느님,

당신께서 주신 소임이 무엇인지 당신 뜻 헤아리게 하소서.

깨어 있어 기도하며 매일의 감사함으로

그 기쁜 소식 전할 수 있게 하소서. 아멘♡


**너희가 귓속말로 들은 것을**
**지붕 위에서 선포하여라.** (마태 10, 27)

**하느님의 뜻은 바로 여러분이**

**거룩한 사람이 되는 것이다.** (1테살로니카 4, 3)


아버지 하느님,

당신 말씀을 실천함으로 거룩하게 하소서.

늘 깨어 있어 기도함으로 준비되게 하소서.

아멘♡


**그러니 깨어 있어라,**

**너희가 그날과 그 시간을 모르기 때문이다.** (마태 25, 13)


* * *


**손을 뻗어라.** (루카 6, 10)


아버지 하느님,

오그라든 손을 뻗어 이웃의 손을 잡게 하시고

오그라든 마음을 펴서 서로 용서하고 사랑하게 하소서.

아멘♡


**남을 사랑하는 사람은 율법을 완성한 것입니다.** (로마 13, 8)

**잘하였다, 착하고 성실한 종아!**

**네가 작은 일에 성실하였으니**

**이제 내가 너에게 많은 일을 맡기겠다.**

**와서 네 주인과 함께 기쁨을 나누어라.** (마태 25, 21)


아버지 하느님,

당신께서 주신 모든 것이 탈렌트이옵니다.

그중에서도 가장 크고

모든 사람이 똑같이 받은 탈렌트는

바로 당신께서 주신 사랑이옵니다.

두 배 세 배 사랑하여

당신과 함께 기쁨을 나누게 하소서.

아멘♡

**너는 하느님의 일은 생각하지 않고
사람의 일만 생각하는구나.** (마태 16, 23)


아버지 하느님,
무엇이 하느님의 뜻인지,
무엇이 선하고 무엇이 하느님 마음에 들며
무엇이 완전한 것인지
분별할 수 있게(로마 12, 2) 하소서.
아멘♡


**여러분의 몸을 하느님 마음에 드는
거룩한 산 제물로 바치십시오.** (로마 12, 1)

**오늘 이 성경 말씀이**

**너희가 듣는 가운데에서 이루어졌다.** (루카 4, 21)


아버지 하느님.

당신의 말씀을 듣는 가운데에

이제 와 항상 영원히 이루어지고 있음을 아옵니다.

뼛속에 가두어 둔 주님 말씀이,

심장 속에서 불처럼 타오르게 하소서. 아멘♡


* * *


**여러분이 이미 하고 있는 그대로, 서로 격려하고**

**저마다 남이 성장할 수 있도록 도와주십시오.** (1테살 5, 11)


아버지 하느님,

당신께서 지으신 그대로

모상인 아버지의 모습을 회복하게 하소서.

아멘♡


**주님은 나의 빛, 나의 구원…**

**주님은 내 생명의 요새….** (시편 27, 1)

저희가 밤새도록 애썼지만

한 마리도 잡지 못하였습니다.

(루카 5, 5)


아버지 하느님,

아버지의 뜻이 아니면

이루어지지 않음을 아옵니다.

내려놓고 비워

아버지의 은총이 충만하게 하소서.

아멘♡


가지가 포도나무에 붙어 있지 않으면

스스로 열매를 맺을 수 없는 것처럼,

너희도 내 안에 머무르지 않으면 열매를 맺지 못한다.

(요한 15, 4)

**마리아가 아들을 낳으리니**
**그 이름을 예수라 하여라.**

(마태 1, 21)


구약의 시대부터
구원의 역사를 준비하신 아버지 하느님,
죄 사함의 구원의 은총과
성모님의 전구하심의 은혜를 더하여
당신께 더 가까이 다가가게 하소서.
하느님은 구원이시며(예수),
하느님은 우리와 함께하십니다(임마누엘).
아멘♡


**젊은 여인이 잉태하여 아들을 낳고**
**그 이름을 임마누엘이라고 할 것입니다.**

(이사야 7, 14)

**사람의 아들은 안식일의 주인이다.** (루카 6, 5)


아버지 하느님,

아무리 소중한 생명의 물이라도

그릇에 담겨야 먹을 수 있음을 알았습니다.

그러다 그릇만 보게 되었습니다.

이제는 그 안에 사랑과 자비와 용서를 담게 하소서.

아멘♡


**안식일이 사람을 위하여 생긴 것이지,**

**사람이 안식일을 위하여 생긴 것은 아니다.**

(마르 2, 27)

너희 가운데 두 사람이

이 땅에서 마음을 모아 무엇이든 청하면,

하늘에 계신 내 아버지께서

이루어 주실 것이다.

(마태 18, 19)


아버지 하느님,

기다림과 배려와 사랑으로 마음을 모으게 하소서.

서로가 서로에게 둘이 되어 주게 하소서.

아멘♡


그들이 모두 하나가 되게 해 주십시오.

아버지께서 제 안에 계시고 제가 아버지 안에 있듯이

그들도 우리 안에 있게 해 주십시오.

(요한 17, 21)

**예수님께서는… 밤을 새우며 하느님께 기도하였다.** (루카 6, 12)


주님,

기도는 영혼의 호흡이며,

아버지 하느님과 나누는 유일한 언어이옵니다.

아이가 말을 배우듯 아버지께 기도하게 하소서.

아멘♡


**어떠한 경우에든 감사하는 마음으로**

**기도하고 간구하며…** (필리 4, 6-7)


* * *


**여인이시여, 이 사람이 어머니의 아들입니다.**

**…이분이 네 어머니시다.** (요한 19, 26-27)


주님, 성모님의 칠고를 묵상하옵니다.

그 믿음과 순종을 따르게 하시며

제 맘속에 주님 상처 깊이 새겨 주소서.

아멘♡

**행복하여라, 가난한 사람들!**

**하느님의 나라가 너희 것이다.**

(루카 6, 20)


아버지 하느님,

마음을 비워 가난하게 하옵소서.

그 가난한 빈 마음을

아버지 말씀과 사랑으로 가득 채우게 하소서.

아멘♡


**행복한 사람이란,**

**하느님에 대한 많은 것을 아는 사람이 아니라,**

**하느님을 자신 안에 모신 사람입니다.**

(니사의 성 그레고리오)

하느님께서는 세상을 너무나

사랑하신 나머지 외아들을 내주시어,

그를 믿는 사람은 누구나 멸망하지 않고

영원한 생명을 얻게 하셨다.

(요한 3, 16)


영원한 생명이신 주님,

아버지 하느님의 사랑을

사랑으로 전하여

아버지 계심을 증거하게 하소서.

아멘♡


내가 만일 생활 안에서 십자가에 못 박힌 자가 된다면,

그분은 분명히 나를 부활시켜 주실 것입니다.

(성녀 벨라뎃다)

**나는 그 가운데에서
첫째가는 죄인입니다.** (1티모 1, 15)


† 아버지 하느님,
저는 죄인입니다.
저의 죄를 씻겨 주소서.


† 주님,
당신의 사랑을 실천하기에
저는 너무 부족합니다.
저를 도와주소서.


† 오소서, 성령님.
주님을 모시기에 합당치 않사옵니다.
제가 곧 나으리이다.
제게 늘 머물러 주소서.


† 삼위일체이신 주님,
제게 사랑이 없으면 저는 아무것도 아닙니다.
아버지 하느님께서 주신 사랑을
사랑으로 실천하게 하소서.
아멘♡

저는 어제 꽃동네에서 기적을 보았습니다.

당신의 사랑을 실천하면 기적이 됨을 알았습니다.

사랑을 실천하기에 너무 부족하여 신음하는 저에게

용기를 내라고 말씀하심을 알았습니다.

아버지 사랑을 깨달은 철부지 탕자처럼 울고 또 울었습니다.

**나는 무엇보다도 먼저 모든 사람을 위하여
간청과 전구와 감사를 드리라고 권고합니다.** (1티모 2, 1)


아버지 하느님,
나만의 신앙이 아닌,
내 안에서 갇혀 허우적대는 믿음이 아닌
우리의 신앙이고 우리의 믿음이게 하소서.  아멘♡


**사랑하면 사랑하는 사람들을 만납니다.** (오웅진 신부님)


* * *


**젊은이야, 내가 너에게 말한다, 일어나라.** (루카 7, 13)


당신의 사랑을 실천함으로 저희가 기적을 이루게 하소서.
용서하는 기적, 따뜻한 말로 언 마음을 녹이는 기적,
누군가의 손과 발이 되는 기적 이루게 하소서.
그것은 분명 당신께 받은 사랑으로 가능한 기적들입니다.
아멘♡


**나에게 힘을 주시는 분 안에서
나는 모든 것을 할 수 있습니다.** (필리 4, 13)

죽음도… 그 밖의 어떤 피조물도…
하느님의 사랑에서 우리를
떼어 놓을 수 없습니다. (로마 8, 38-39)


사랑하올 주님,
제가 그 길을 갈 수 있나이까,
죽음 앞에서 당신을 증거할 수 있겠나이까,
저는 너무 나약하고 부족한 죄인이오니,
주님께 늘 충실할 수 있도록 저와 함께 계셔 주소서. 아멘♡


* * *


여러분이 받은 부르심에 합당하게 살아가십시오.
겸손과 온유를 다하고, 인내심을 가지고 사랑으로 서로 참아 주며,
성령께서 평화의 끈으로 이루어 주신
일치를 보존하도록 애쓰십시오. (에페 4, 1-3)


아버지 하느님,
겸손과 자비와 사랑함으로 마음을 비우게 하소서.
오직 주님만을 내 안에 모시게 하소서.
그 빛으로 세상의 소금이 되고 누룩이 되게 하소서. 아멘♡

**자족할 줄 알면 신심은 큰 이득입니다.**

**돈을 사랑하는 것이 모든 악의 뿌리입니다.** (1티모 6, 6-10)


아버지 하느님,

인간이 필요에 의해서 만든 돈과 집, 자동차, 제도 등

물질들은 살아가는 동안 필요한 대상이지

사랑할 대상이 아님을 아옵니다.

오직 당신께서 창조하신 생명이 있는 사람과

자연과 당신의 말씀만을 사랑하게 하소서. 아멘♡


* * *


**좋은 땅에 떨어진 것은,**

**바르고 착한 마음으로 말씀을 듣고 간직하여**

**인내로써 열매를 맺는 사람들이다.** (루카 8, 15)


아버지 하느님,

당신의 말씀에 귀 기울여 듣게 하시고

그 말씀이 씨가 되어 마음밭에 뿌리내리게 하소서.

간직하여 품게 하시고, 인내하여 열매 맺을 수 있도록

바르고 착한 마음이게 하소서.

비옥한 마음밭이게 하소서. 아멘♡

**내 생각은 너희 생각과 같지 않고,**

**너희 길은 내 길과 같지 않다.**

(이사야 55, 8)


아버지 하느님,

포도밭에 이른 아침 불러 주신 당신 은총에 감사하나이다.

아홉 시와 열두 시 그리고 오후 세 시, 다섯 시에도

형제들을 불러 주시어 일이 너무 수월해지고

함께할 수 있음에 감사했습니다.


다섯 시에 온 형제들이 혹시 오늘

일용할 양식을 사기에 부족한 품삯을 받을 거라 생각해

저의 것을 나누어 주려고 하였는데,

주님께서 똑같이 나누어 주셔서 너무 감사하고 행복했습니다.


아버지 하느님,

저는 부족하오니 늘 함께 머물러 주시어

이리 생각하게 하고 행하게 하소서.

아멘♡

등불을 켜서… 등경 위에 놓아

들어오는 이들이 빛을 보게 한다.

너희는 어떻게 들어야 하는지 잘 헤아려라.

(루카 8, 16-18)


아버지 하느님, 당신은 빛이옵니다.

저희는 빛의 자녀들이옵니다.

모세 얼굴이 빛났던 것처럼 빛인 저희도 빛나게 하소서.

사랑을 실천함으로 세상을 환하게 비추게 하소서.

아멘♡


여러분 안에 심어진 말씀을 공손히 받아들이십시오.

그 말씀에는 여러분의

영혼을 구원할 힘이 있습니다.

(야고 1, 21)

내 어머니와 내 형제들은
하느님의 말씀을 듣고 실행하는 이 사람들이다.

(루카 8, 21)


아버지 하느님, 저희의 마음 안에도,
세상 밖에도 하느님의 성전을 쌓고 있습니다.
벽돌 한 장 한 장은 바로
당신 말씀을 실행함으로 쌓게 됨을 아옵니다.
아름다운 성전을 지을 수 있도록 인도하소서.
아멘♡


말씀을 실행하는 사람이 되십시오.
말씀을 듣기만 하여 자신을 속이는 사람이 되지 마십시오.
실천에 옮겨 실행하는 사람은 자기의 그 실행으로
행복해질 것입니다.

(야고 1, 22-25)

정녕 저희는 종입니다….
하느님의 집을 다시 세우고
그 폐허를 일으키도록 해 주셨고,
유다와 예루살렘에 다시 성벽을 쌓게 해 주셨습니다.

(에즈라기 9, 9)


아버지 하느님,
바빌론의 유배는 하느님을 기억하고 회개하며
구약성경을 기록하는 계기가 되었음을 아옵니다.
하느님의 역사하심과
하느님 체험의 소중한 기록들이
지혜의 은총이 되게 하소서.
십자가의 버거움은
또 다른 하느님 은총의 시작임을 알게 하소서.
아멘♡


길을 떠날 때에 아무것도 가져가지 마라.
지팡이도 여행 보따리도 빵도 돈도 여벌 옷도 지니지 마라.

(루카 9, 3)

**주님의 집이 무너져 있는데,**

**너희가 지금, 판벽으로 된 집에서 살 때냐?**

(하까 1, 4)


아버지 하느님,

제 마음속에도 무너져 있는

주님의 집을 다시 일으켜 세우리다.

도와주소서.

하느님의 성전은 교회 공동체요,

우리들의 마음이옵니다.

일치를 이루어 아름다운 성전을 짓게 하소서.

아멘♡


**나는 그 집을 기꺼이 여기고,**

**그것으로 영광을 받으리라.**

(하까 1, 8)

**아무리 부유하더라도**
**사람의 생명은 그의 재산에 달렸지 않다.** (루카 12, 15)


아버지 하느님,
마음을 비워 가난하여 주님만을 섬기게 하시며
주님 앞에 말씀대로 행한 행실로 당신 앞에 부유한 자 되어
이웃과 나눔의 기쁨 누리게 하소서. 아멘♡


**주 너의 하느님 안에서 즐거워하고 기뻐하여라.** (요엘 2, 23)


* * *


**너희는 이 말을 귀담아들어라….**
**그들은 그 말씀에 관하여 묻는 것도 두려워하였다.** (루카 9, 44-45)


아버지 하느님, 두려워하지 말고 당신 뜻 묻게 하소서.
비록 그 길이 험한 길이라도 당신 뜻 헤아리며 기꺼이 걸으리다.
감추어져 있는 당신 뜻 기도하며 간구하나이다.
말씀대로 행하게 하소서. 아멘♡


**믿음은 들음에서 오고,**
**들음은 그리스도의 말씀으로 이루어집니다.** (로마서 10, 17)

**세리와 창녀들이 너희보다 먼저**
**하느님의 나라에 들어간다.** (마태 21, 31)


주님, 당신을 닮은 마음 길을 내게 하소서.
넘어지고 또 넘어져도 주님을 뵐 길은
그 길밖에는 없사옵니다.
겸허한 마음으로 있는 그대로의 나를
세상 거울이 아닌 당신께 비추어 보게 하소서.
주님의 자비는 나의 행함으로 오는 것이 아니며,
부족한 죄인임을 고백하고 회개하며
주님께 의지할 때 주어지는 은총이옵니다.


누군가 그들을 바라보며 비웃을 때에
가난한 마음으로 그들은 기도하며
주님만을 바라보았습니다.
자신을 비우고 빈 마음, 가난한 마음으로
말씀으로 인도하신 주님의 길,
주님만을 바라보며 걷게 하소서.
아멘♡


**그리스도 예수님께서 지니셨던**
**바로 그 마음을 여러분 안에 간직하십시오.** (필리 2, 5)

**그분께서 당신 천사들에게 명령하시어**

**네 모든 길에서 너를 지키게 하시리라.**

(시편 91, 11)


아버지 하느님,

삶의 여정에 굽이굽이

당신의 손길과 보살핌이 있었나이다.

때론 스승의 모습으로, 친구의 이름으로,

낯선 이의 친절함으로,

그리고 사랑하는 가족들의 모습으로….


수호천사는 늘 함께 있으며

힘이 되고 위로가 되어 저를 지켰나이다.

이제는 누군가의 여정에

당신을 닮은 수호천사의 모습으로 남게 하소서.

아멘♡

**예수님께서는 예루살렘으로 가시려고 마음을 굳히셨다⋯.**

**그러나 사마리아인들은 예수님을 맞아들이지 않았다.**

(루카 9, 51-53)


주님,

당신께로 가는 천로역정 속에

저에게도 많은 사마리아인들이 있사옵니다.

품게 하소서. 축복하게 하소서. 사랑하게 하소서.

다 제 탓으로 만든 자기만의 사마리아인임을 알게 하소서.


제 눈이 아닌 주님 눈으로 보게 하시고,

주님 말씀으로 듣게 되면 내가 죽고 비워져,

있는 그대로인 형제자매가 보일 것이며

살로 된 마음이 되어 사랑할 수 있을 것입니다.

아버지 하느님,

저는 부족하오니 제게 늘 머물러 도와주소서.

아멘♡

**사람의 아들은 머리를 기댈 곳조차 없다.** (루카 9, 57)

죽는 순간까지도 머리 기댈 곳조차 없이 돌아가신 주님,
비우고 비워 더 가난한 마음으로 살게 하소서.
하느님을 마음에 모신 자는 모든 것을 얻은 것이니
더 구할 것이 없고 뒤를 돌아볼 것도 없나이다.
당신께서 주신 큰 사랑 거저 받았으니 거저 주게만 하소서.
아멘♡


**쟁기에 손을 대고 뒤를 돌아보는 자는
하느님 나라에 합당하지 않다.** (루카 9, 62)


* * *


**이 집 저 집으로 옮겨 다니지 마라….
하느님의 나라가 여러분에게 가까이 왔습니다.** (루카 10, 7)

아버지 하느님,
당신 안에 머물고, 당신의 말씀이 제 안에 머물도록
제 마음 아버지 하느님 안에 정주하며 의탁하게 하소서.
제 마음은 당신을 향한 악기이옵니다.
당신의 뜻에 맞추어 고치고 조율하여
아름다운 선율을 이루게 하소서. 아멘♡

저마다 제 악한 마음에서 나오는

생각대로 살아왔습니다.

(바룩 1, 22)


아버지 하느님,

"사실 내 안에, 곧 내 육안에

선이 자리 잡고 있지 않음을 나는 압니다….

그래서 내가 바라지 않는 것을 하면,

그 일을 하는 것은 더 이상 내가 아니라

내 안에 자리 잡은 죄입니다."

(로마 7, 18-20)


예수 그리스도를 제 안에 모시고

육이 아닌 성령 안에서

말씀에 순종하며

의로움과 평화와 기쁨을 누리게 하소서.

아멘♡

**영들이 너희에게 복종하는 것을 기뻐하지 말고,
너희 이름이 하늘에 기록된 것을 기뻐하여라.**

(루카 10, 20)


아버지 하느님,
하느님의 선하신 뜻이 이루어짐과
하느님의 도구로 쓰임에 기뻐하게 하소서.


저희를 비롯한 모든 것이
당신께서 허락하신 생명이요 선물이오니,
저희 이름이 아닌 주님의 이름으로
행하고 감사하게 하소서.
아멘♡

**너는 좋은 포도가 맺기를 바랐는데**

**어찌하여 들포도를 맺었느냐?**

(이사야 5, 4)


아버지 하느님,

주님의 성체를 받아 모시는 저희의 몸은

저희 것이 아닌 주님의 포도밭이옵니다.

잘 가꾸어 들포도가 아닌 암포도를 맺게 하소서.

모든 일에 언제나 예수 그리스도의 이름으로

당신께 감사드리게 하소서. 아멘♡


**사람이 하느님에게 바칠 제물은**

**감사하는 마음이요,**

**사람이 지킬 것은 지존하신 분에게 서원한 것을 갚는 일이다.**

(시편 50, 14. 공동번역)

## 누가 저의 이웃입니까…?

(루카 10, 29)

아버지 하느님,

누가 좋은 이웃인지를 찾게 마시고

제가 먼저 좋은 이웃이 되게 하소서.

초주검이 된 이를 지나쳐 버린 그 길은

당신에게서 점점 멀어지는 길이었나이다.


사람들이 혐오하던 사마리아인이

존경받고 대우받으며

하느님의 일을 한다던 그들보다

당신께 더 가까이 있음을 알게 하소서.

아멘♡


**하느님께 가까이 가십시오.**

**그러면 하느님께서**

**여러분에게 가까이 오실 것입니다.**

(야고 4, 8)

**마루타야, 마루타야!**

**너는 많은 일을 염려하고 걱정하는구나.**

**그러나, 필요한 것은 한 가지뿐이다.**

(루카 10, 41)


아버지 하느님,

내가 하는 봉사를 기준으로 하지 않는 이에게

마음을 빼앗기지 않게 하소서.

시샘, 분노, 교만 모두 죄를 짓는 마음이오니,

나의 희생으로 누군가

주님 말씀을 들을 수 있음에

감사하게 하소서.

무엇을 하든 주님의 발치에서

당신의 말씀을 듣게 하소서.

아멘♡

**너희는 기도할 때 이렇게 하여라.** (루카 11, 2)

숨은 일도 보시는 아버지,

청하기도 전에 다 알고 계신 아버지 하느님,

주님의 기도는 당신께서 주신 가장 완전한 기도이며

당신의 사랑이옵니다.

아버지께 먼저 생명 주심에 영광과 감사의 찬미를 올리게 하소서.

용서함과 유혹과 악에서 벗어남은 기도를 통해서만 가능하옵나이다.

끊임없이 기도하게 하소서. 아멘♡

* * *

**청하여라. 너에게 주실 것이다.** (루카 11, 5)

아버지 하느님,

저희가 청하는 기도가 삶이 되게 하소서.

마음을 보고 이웃을 보고

아버지의 뜻을 헤아리는 기도로 성장하게 하소서. 아멘♡

**하느님께 청하십시오. 그러면 받을 것입니다.**

**그러나 결코 의심하는 일 없이**

**믿음을 가지고 청해야 합니다.** (야고 1, 5-6)

**내가 하느님의 손가락으로 마귀들을 쫓아내는 것이면,**

**하느님의 나라가 이미 너희에게 와 있는 것이다.**

(루카 11, 20)


아버지 하느님,

마귀는 신화가 아님을 알게 하소서.

기도와 단식으로 영안을 맑게 하시어

마음밭에 뿌려진 가라지를 분별하여

온갖 악의와 함께 내버리게 하소서.

자기 육을 그 욕정과 함께 십자가에 못 박게 하소서.

해 질 녘까지 노여움을 품어 악마에게 틈을 주지 않게 하시며

하느님의 무기 진리의 허리띠, 의로움의 갑옷, 평화의 복음,

믿음의 방패, 구원의 투구로 완전한 무장을 갖추게 하소서.


무엇보다 성령의 칼인 하느님의 말씀으로

온갖 유혹을 이기게 하시고

하느님의 말씀을 묵상하고 기도하며

성령의 열매 사랑, 기쁨, 평화, 호의, 인내, 선의,

성실, 온유, 절제를 삶에서 맺게 하소서.

늘 성령 안에서 기도와 간구를 올려 간청하고 인내하며,

모든 성도들을 위하여 깨어 기도하게 하소서.

아멘♡

**선생님을 배었던 모태와**

**선생님께 젖을 먹인 가슴은 행복합니다.**

(루카 11, 27)


아버지 하느님, 당신의 말씀을 잉태하게 하소서.

매일 태동을 느끼며 자라나게 하소서.

얼마나 소중한지요.

늘 함께하며 얘기 나누며,

생명 주심에 얼마나 감사한지요.

당신을 닮은 빛과 소금으로 태어나게 하소서.

아멘♡


**하느님의 말씀을 듣고 지키는 이들이**

**오히려 행복하다.**

(루카 11, 28)

**사실 부르심을 받은 이들은 많지만
선택된 이들은 적다.**

(마태 22, 14)


아버지 하느님,
세례를 통해 그리스도를 입었나이다.
십자가에 못 박혀 그리스도만 남게 하소서.
그 부르심에 합당한 모습과 예복으로
준비되고 응답하게 하소서.
아멘♡


**저들은 어린양의 피로 자기의 긴 겉옷을
깨끗이 빨아 희게 하였다.**

(묵시 7, 14)


**그리스도와 하나 되는 세례를 받은 여러분은
다 그리스도를 입었습니다.**

(갈라 4, 27)

**요나 예언자의 표징밖에는**

**어떠한 표징도 받지 못할 것이다.**

(루카 11, 29)


아버지 하느님, 당신을 마음에 모시면

매 순간이 기적이며 표징이옵니다.

제 눈을 열어 주소서.

당신 가르침의 기적들을

제가 바라보오리다(시편 119, 18).

아멘♡


**지혜는 주님을 섬기는 종의 영혼으로 들어가**

**기적과 표징들을 일으키며 무서운 임금들과 맞섰다.**

(지혜 10, 16)

겉을 만드신 분께서 속도 만들지 않으셨느냐?

속에 담긴 것으로 자선을 베풀어라.

그러면, 모든 것이 깨끗해질 것이다.

(루카 11, 40-41)


마음을 보시는 아버지 하느님,

당신의 말씀으로 마음을 닦아 내게 하소서.

나눔을 통해 비우게 하시어

당신의 사랑만 남게 하소서.

아멘♡


네 곳간에 자선을 쌓아 두어라.

그것이 너를 온갖 재앙에서 구해 주리라.

(집회 29, 12)

가거라.
나는 이제 양들을 이리 떼 가운데로
보내는 것처럼 너희를 보낸다.

(루카 10, 3)


아버지 하느님,
이리 떼 가운데서도 주님의 양으로
빛의 자녀답게 담대한 모습이게 하소서.
사도 바오로의 회심을 기억하게 하시며,
이리 떼도 저희 모습을 통해
양이 될 수 있음을 마음에 새겨,
사랑으로 대할 수 있도록 하소서.
아멘♡


**주님께서는 내 곁에 계시면서**
**나를 굳세게 해 주셨습니다.**

(2티모 4, 17)

**예수 그리스도에 대한 믿음을 통하여 오는**

**하느님의 의로움은 믿는 모든 이를 위한 것입니다.**

(로마 3, 22)


아버지 하느님,

하느님께서는 예수님을 속죄의 제물로 내세우셨습니다.

저희를, 죄 사함을 통해

의롭게 하시려는 당신의 사랑이었습니다.


예수님의 피로 이루어진 속죄를 믿음으로 얻게 하소서.

그 믿음으로 의롭게 되어 당신에 대한 믿음으로 살며,

그 깊은 사랑에 감사하며, 당신의 말씀을 묵상하며 기도하며,

사랑이신 당신을 전하게 하소서.

아멘♡


**믿음은 들음에서 오고 들음은**

**그리스도의 말씀으로 이루어집니다.**

**믿음으로 사는 이들은 믿음의 사람**

**아브라함과 함께 복을 받습니다.**

(로마 10, 17; 갈라 3, 9)

**하느님께서는 너희의 머리카락까지 다 세어 두셨다.**

(루카 12, 7)


아들아, 딸아

너의 머리카락을 세며 행복했단다.

너를 세상에 보내며 참 기뻤단다.

나를 닮은 너는, 있는 그 모습대로 소중하니

애쓰지 않아도 된단다.


나의 사랑아.

나를 닮은 소중한 사랑아.

행여 보고 싶을 땐 부는 바람을 느끼고,

행여 울고 싶을 땐 밤하늘의 별을 바라보렴.

기억하렴, 내 사랑아.

아빠는 늘 너와 함께 있단다.

아멘♡

무엇을 말할까 걱정하지 마라.
너희가 해야 할 말을
성령께서 그때 알려 주실 것이다.

(루카 12, 12)


아버지 하느님,
성령으로 이끌어 주심에 감사하나이다.
삶으로 증거하며 보답하게 하소서.
아멘♡


보호자, 곧 아버지께서
내 이름으로 보내실 성령께서
너희에게 모든 것을 가르치시고
내가 너희에게 말한 모든 것을
기억하게 해 주실 것이다.

(요한 14, 26)

너희는 가서 모든 민족들을 제자로 삼아,

아버지와 아들과 성령의 이름으로 세례를 주고,

내가 너희에게 명령한 모든 것을 가르쳐 지키게 하여라.

(마태 28, 19)


아버지 하느님,

저희는 신자가 아닌, 주님의 제자임을 잊지 않게 하소서.

주님은 낮은 데에 계시니 그곳에서 주님을 찾고

주님 사랑 전하는 아름다운 발이게 하소서. 아멘♡


생명은 생명을 내어줌으로써 더 자라고,

고립되고 안주하면 약해집니다. (복음의 기쁨 10항)


* * *


모든 탐욕을 경계하여라. (루카 12, 15)


아버지 하느님,

세상의 모든 것이 주님의 것이옵니다.

가지어 썩게 하지 마시고 나누어 빛나게 하소서. 아멘♡


아예 보리 다발에서 이삭을 빼내어

그 여자가 줍도록 흘려 주어라. (룻 2, 16)

**너희는 허리에 띠를 매고 등불을 켜 놓고 있어라.**

(루카 12, 35)


아버지 하느님, 늘 깨어 있어 기도하게 하소서.

주님 부르심을 받고 머무는 마지막 날이라 여기고 살아가게 하소서.

사랑하는 이들에게 아픔 주지 않고 사랑으로 시중들다 가게 하소서.

아멘♡


죽음의 결정적인 마지막 순간에 갖게 될

그 마음과 시선으로

지금, 이 순간의 삶을 바라볼 수 있도록

성령께 간청합니다.

죽음의 순간에 중요한 것이

바로 지금, 이 순간에 진정으로 중요한 것입니다.

(『마지막 피정: 어느 젊은 사제의 영적 유언』 중에서)

**너희도 준비하고 있어라.**

**너희가 생각하지도 않은 때에 사람의 아들이 올 것이다.**

(루카 12, 40)


아버지 하느님,

매일 반복되는 소소한 삶 속에서 하느님을 만나게 하소서.

일상에서의 영성으로 주님을 맞이하게 하시며

하느님의 말씀으로 매일 매일 충실히 살게 하소서.

아멘♡


* * *


**나는 세상에 불을 지르러 왔다.**

**그 불이 이미 타올랐으면 얼마나 좋으랴?** (루카 12, 49)


아버지 하느님, 저를 태워 정화하게 하소서.

모든 것 위에 당신을 놓아 참평화를 누리게 하소서.

아멘♡


**그들은 내 백성의 상처를 대수롭지 않게 다루면서**

**평화가 없는데도 "평화롭다, 평화롭다!" 하고 말한다.** (예레 6, 14)

**너희는 땅과 하늘의 징조는 풀이할 줄 알면서,**

**이 시대는 어찌하여 풀이할 줄 모르느냐?** (루카 12, 56)


아버지 하느님,

서쪽 구름과 남풍이 불면 비가 오고 더위가 오듯

당신의 말씀은 지금도 이루어지고 다스리시나이다.

말씀대로 그대로 됨을 깨닫게 하소서. 아멘♡


**남풍이 불면 '더워지겠다' 하고 말하면,**

**과연 그대로 된다.** (루카 12, 55)


* * *


**밤을 새우며 하느님께 기도하셨다.** (루카 6, 12)


아버지 하느님,

열두 사도를 뽑으시기 전 밤새 기도하신 것처럼,

기도하며 당신 뜻 묻고 헤아려

성령으로 거룩한 성전이 되게 하소서. 아멘♡


**여러분도 그리스도 안에서 성령을 통하여**

**하느님의 거처로 함께 지어지고 있습니다.** (에페 2, 22)

**네 마음을 다하고 네 목숨을 다하고 네 정신을 다하여**

**주 너의 하느님을 사랑해야 한다.**

**네 이웃을 너 자신처럼 사랑해야 한다.** (마태 22, 37-40)


아버지 하느님,

당신께서 저희를 사랑으로 만드셨으니

저희 영혼은 사랑 없이는 살 수 없나이다.

당신에 대한 사랑이 마중물이 되어

이웃들에게 넘쳐 흐르는 바다 같은 사랑이 되게 하소서.

내 마음이 나에게서 나와 이웃에 닿지 않으면

당신께서 주신 기쁨의 은총도 사라지나이다.

이웃에게 베푸는 사랑 속에 하느님은 계십니다.

아멘♡

**안식일일지라도 그 속박에서**

**풀어 주어야 하지 않느냐?**

(루카 13, 16)


아버지 하느님,

엿새 동안 "네 할 일"을 충실히 하게 하시며

이렛날에 "남들이 편히 쉴 수 있도록"

보살피는 거룩한 안식일이게 하소서.

아멘♡


**안식일을 지켜 거룩하게 하여라.**

**엿새 동안 일하면서 네 할 일을 다하여라.**

(신명 5, 12-15)

## 23년 11월 가을음악회를 준비하며

서청주 본당 청소년 사목의 목적으로
신부님께서 여러 신자분들과 소통하여
11월 26일 6시 저녁 미사를
"청소년을 위한 가을음악회"로 봉헌하기로 하셔서
공유 및 부탁의 말씀드립니다.

시간도 좀 부족한 감이 있으나,
청소년들이 성당에 많이 왔으면 하는 바람으로
성모님께서 주신 소명이라고 생각하고
주님의 도구로서 미약한 힘이지만 보태려고 이 글 올립니다.

잔치를 벌였는데, 손님이 마땅치 않으면 안 되니
"아무나 만나는 대로 잔치에 불러오너라."(마태 22. 9)
하신 말씀처럼 주위에 학교 친구들, 손자 손녀들, 가족들
많이 많이 초대해 주시길 부탁드립니다.

음악도 준비하고, 먹을 것도 많이 준비하려고 하니,
멋진 주님의 잔치가 될 수 있도록 많은 도움 부탁드립니다.
감사합니다.

**하느님의 나라는 겨자씨와 같다.**

**누룩과 같다.** (루카 13, 19-21)


아버지 하느님,

삶 속 겨자씨 나무 되어 사람들이 모이는 쉼이 되게 하시고,

공동체의 누룩이 되어 하느님 나라를 이루게 하소서. 아멘♡


**주님께서는 날마다 그들의 모임에**

**구원받을 이들을 보태어 주셨다.** (사도 2, 47)


* * *


**사랑하는 여러분, 이제 우리는 하느님의 자녀입니다** (1요한 3, 2)


아버지 하느님,

자녀로서 당신의 성전인 교회를 돌보게 하소서.

일치를 이루어 구원받을 이들이 모이게 하소서. 아멘♡


**행복하여라, 마음이 깨끗한 사람들!**

**그들은 하느님을 볼 것이다.** (마태 5, 8)

**너희의 스승님은 한 분뿐이시고
너희는 모두 형제다.** (마태 23, 8)


아버지 하느님, 섬기게 하소서.
하물며 섬기게 하소서.
그럼에도 섬기게 하소서.
그래야 비워지고, 그래야 마음이 가난하니
당신을 담아 자유롭게 날게 하소서. 아멘♡


**너희가 내 말 안에 머무르면 참으로 나의 제자가 된다.
그러면 너희가 진리를 깨달아
그 진리가 너를 자유롭게 할 것이다.** (요한 8, 31–32)


* * *


**가난한 이들, 장애인들, 다리 저는 이들,
눈먼 이들을 초대하여라.** (루카 14, 13)


아버지 하느님, 당신의 마음으로
도움이 필요한 이들을 돌보게 하소서.
아멘♡

큰길과 울타리 쪽으로 나가 어떻게 해서라도
사람들을 들어오게 하여,
내 집이 가득 차게 하여라. (루카 14, 23)


아버지 하느님,
하느님은 모든 것 위에 계시나이다.
마음을 다하고 몸을 다하여
당신의 성전을 사람들로 가득 차게 하시어
당신 뜻 이루어지게 하소서. 아멘♡


＊ ＊ ＊


누구든지 제 십자가를 짊어지고
내 뒤를 따라오지 않는 사람은
내 제자가 될 수 없다. (루카 14, 27)


아버지 하느님,
'나'가 만든 세상이 아니라
당신께서 만든 세상에서 살게 하소서.
그리스도를 통하여 그리스도와 함께
그리스도 안에서….
아멘♡

**이 성전을 허물어라.**

**그러면 내가 사흘 안에 다시 세우겠다.** (요한 2, 19)


아버지 하느님,

저희 마음 안에 당신의 성전을 세우셨나이다.

저희 안에서 죽음과 부활의 파스카 신비가 이루어지고

우리 자신이 희생 제물이며

당신께서 흘리신 피와 물이 흐르는

거룩한 성전이 되게 하소서. 아멘♡


**여러분 자신을 거룩한 희생 제물로 바치십시오.** (로마 12,1)

**여러분이 바로 하느님의 성전입니다.** (1코린 3, 17)


＊　＊　＊


**그리스도의 말씀을 지키면 그 사람 안에서**

**참으로 하느님의 사랑이 완성됩니다.** (1요한 2, 5)


아버지 하느님, 믿나이다. 당신의 말씀을….

부족한 가운데 채워 주시는 그 사랑을 믿나이다.

말씀을 지키게 하소서. 당신께 기도하게 하소서.

아멘♡

161

**하느님께서는 너희 마음을 아신다.** (루카 16, 15)

아버지 하느님,
마음 안에 악이 심어 놓은 가라지를 분별하게 하소서.
선으로 악을 이기라 하신 말씀 마음에 새기게 하시어
나를 돌아보는 계기로 삼고 사랑으로 품게 하소서.
아멘♡

* * *

**우리 등이 꺼져 가니
너희 기름을 나누어다오.** (마태 25, 7)

아버지 하느님,
진리인 당신의 말씀에 저희 자신을 내맡기어
당신 안에 머물러 깨어 있게 하소서.
나눔은 사랑이나 그 사랑의 원천은
자신에게서 나오는 샘물이어야 함을 알게 하시고,
사랑의 실천으로 낸 기름만이
당신을 맞이할 등불을 켤 수 있음을 깨닫게 하소서.
아멘♡

울뜨레야 간사를 맡으며(23년 11월)
하느님께로 가는 쉽지 않은 여정에
땀과 눈물 나누며 슬픔도 열매 맺는 기쁨도
스따님들과 함께 나누고 싶습니다.
많이 부족합니다.
주님께서 스따님들의 손길로 채워 주시고
보태 주시리라 믿습니다.
감사합니다. ♡


*　*　*


**너희가 겨자씨 한 알만 한 믿음이라도 있으면,**
**이 돌무화과나무더러 '뽑혀서 바다에 심겨라' 하더라도,**
**그것이 너희에게 복종할 것이다.** (필리 2, 6)


아버지 하느님,
저희에게 믿음을 더하여 주시어 돌무화과나무보다
더 큰 '나'를 뽑아 버리게 하소서.
겨자씨 되어 어디라도 던져져
하느님 안에 뿌리박은 나무 되게 하소서.
아멘♡

**그들은 단련을 조금 받은 뒤
은혜를 크게 얻을 것이다.** (지혜 2, 5)


아버지 하느님,
넘어짐은 세우심을 위한 단련임을 알게 하시고
당신께 맞갖은 이로 거듭나게 하소서.
아멘♡


*  *  *


**저희는 쓸모없는 종입니다.
해야 할 일을 하였을 뿐입니다.** (루카 17, 10)


아버지 하느님,
행하는 순간순간들이 당신 말씀의 실천이게 하시고
미처 배려하지 못한 이들이 없도록 함께해 주소서.
저는 늘 부족하니 당신께서 늘 곁에 머물러 주소서.
아멘♡


**저는 그저 주님 손에 쥐어진
몽땅 연필 한 자루입니다.**

(마더 데레사)

**사람의 아들의 날에도 노아 때와 같은 일이 일어날 것이다.
또한 롯 때와 같은 일이 일어날 것이다.** (루카 17, 26-28)


아버지 하느님,
노아와 롯의 믿음을 잊지 않게 하시어
삶 속에서 믿음의 방주를 짓게 하소서.
아멘♡


**너희는 롯의 아내를 기억하여라.** (루카 17, 32)


* * *


**당신의 명령에 따라서 온 피조물의 본성이 저마다 새롭게 형성되어
당신의 자녀들이 해를 입지 않고 보호를 받았던 것입니다.**
(지혜서 19, 6)


전능하신 아버지 하느님,
당신의 명령으로 보호받고 있음을 깨닫게 하소서.
당신의 현존을 느낄 수 있는 지혜를 주시어
지금, 이 순간이 당신께서 주신 축복임을 알게 하소서.
아멘♡

**네가 작은 일에 성실하였으니**

**이제 내가 너에게 많은 일을 맡기겠다.**

(마태 25, 21)


아버지 하느님,

각자의 일을 주님께서 주신 소임으로 여기고

충실히 임하게 하소서.

그 일들에 사랑을 담게 하시며

두 배 세 배 됨을 경험하게 하소서.


한 탤런트를 받고 땅에 묻고

아무것도 하지 않은 이는

있는 것도 빼앗김을 알게 하소서.

몸과 마음을 다하여

당신을 사랑하고 이웃을 사랑하고

주어진 소임들에 당신의 사랑을 담아

충실히 임하게 하소서.

아멘♡

"다시 보아라. 네 믿음이 너를 구원하였다." 하고 이르시니,

그가 다시 보게 되었다. (루카 18, 42)


아버지 하느님,

바르티매오처럼 나를 바로 보게 하소서.

제가 눈이 멀어 있음을 알아야

볼 수 있게 해 달라 청할 수 있나이다.

마음의 눈과 영혼의 눈을 떠 당신을 통해

나를 보고 세상을 보게 하소서.

아멘♡


**주님, 제가 다시 볼 수 있게 해 주십시오.**

(루카 18, 41)

하늘에 계신 내 아버지의 뜻을 실행하는 사람이
내 형제요, 누이요, 어머니다.

(마태 12, 49)


아버지 하느님,
당신의 뜻을 헤아리고
당신의 뜻대로 행하게 하시어
신앙공동체가 당신의 뜻을 실행하는
참가족이게 하소서.
아멘♡


나에게 주님, 주님! 한다고 모두
하늘나라에 들어가는 것이 아니다.
하늘에 계신 내 아버지의 뜻을
실행하는 이라야 들어간다.

(마태 7, 21)

**내가 올 때까지 벌이를 하여라.**



아버지 하느님,
저희에겐 나름의 이유로 인한
왜곡된 자아(에고)가 있나이다.
당신께서 주신 "미나"는 사랑이며
자아라는 수건에 싸여
사랑하지 못하는 죄를 짓고 있나이다.

하느님, 도와주소서.
저희가 마음껏 주님 안에서 사랑할 수 있도록
당신의 사랑으로 이끌어 주소서.
아멘♡

**인간의 죄란 다름이 아니라 사랑하지 않은 것이다.**

(까를로 까레또)

# 가을음악회 기도지향

1. "청소년을 위한 가을음악회"
일치된 마음으로 주님께 잘 봉헌될 수 있도록
주님 함께하여 주소서.

2. 앞으로 많은 청소년들이 미사 참여하여
주님 안에서 성장할 수 있도록
주님의 자비와 사랑으로 인도하여 주소서.

3. 가을음악회를 통해 신앙공동체가
주님의 뜻과 사랑을 실천하는 참가족이 되게 하시고,
기쁨 충만하고 활기찬 공동체로 부활할 수 있도록
늘 함께하시어 이끌어 주소서.
아멘 †

**그때 예수님께서 예루살렘에 가까이 이르시어**

**그 도성을 보고 우시며 말씀하셨다.**

(루카 19, 41)


아버지 하느님,

평화의 도시 예루살렘에 평화가 없나이다.

당신께서 예수님의 모습으로 찾아오신 때를 알지 못해

도시는 함락되고 성전은 파괴되었나이다.


그리스도인의 가슴에 그리스도가 없나이다.

당신께서 오신 것을 알아도 내 안에 '나'가 너무 많아

당신 뜻대로, 말씀대로 알아도 행하지 못하나이다.

지금도 흘리시는 당신의 눈물을 보게 하소서.

무너지는 성전은 회복하게 하시고

주님만이 주실 수 있는 참평화를 얻게 하소서.

아멘♡


– 예루: 터, 도시

– 살렘: 평화

**나의 집은 기도의 집이 될 것이다.** (루카 19, 46)


아버지 하느님,

마음밭 악이 뿌린 가라지들을

기도와 말씀으로 뽑아내지 않으면

그것들이 자라나는 가시덤불이 되고

예수성심을 빼앗는 강도들이 됨을 알게 하소서.


당신의 말씀을 듣느라 곁을 떠나지 않는 것,

그것이 하느님의 성전인 내 몸과 교회를 지키고,

강도의 소굴이 아닌 기도의 집이 되게 하는

유일한 방법임을 깨닫게 하소서.

아멘♡


**온 백성이 그분의 말씀을 듣느라고**

**곁을 떠나지 않았기 때문이다.**

(루카 19, 48)

**사실 하느님께는 모든 사람이 살아 있는 것이다.** (루카 20, 38)


아버지 하느님,
당신께서 제 안에 없으시면 살아도 죽은 것이며
제 안에 계시면 죽어도 살아 있나이다.
몸과 마음을 다하여 당신을 모시게 하소서. 아멘♡


**나는 부활이요 생명이다. 나를 믿는 사람은 죽더라도 살고, 또 살아
서 나를 믿는 모든 사람은 영원히 죽지 않을 것이다.** (요한 11, 25–26)


* * *


**너희가 내 형제들인 이 가장 작은 이들 가운데
한 사람에게 해 준 것이 바로 나에게 해 준 것이다.** (마태 25, 40)


아버지 하느님,
오시어 양과 염소를 가르듯이 하시는 그날에,
당신 뜻을 따랐던 삶 전체의 합당함으로 구원받게 하시어
세상 창조 때부터 준비하신 영원한 기쁨의 나라를 누리게 하소서.
아멘♡


**하느님의 나라는 너희 가운데에 있다.** (루카 17, 21)

## 가을음악회를 마치며

우리가 함께 만들어 간 가을음악회가 잘 끝났습니다.
참여하시고 도움 주신 모든 분들의 마음 잘 간직하겠습니다.
우리 모두는 서로에게 주님께선 주신 은총이었습니다.
특히, 용기를 내준 우리 소중한 아이들에게
너무 감사하다고, 사랑한다고 잘 해냈다고
안아 주고 싶습니다.

주님께서는 선한 뜻을 세우면
사람을 통해 도와주시고 채워 주심을
다시 한번 느끼는 시간들이었습니다.
음악회의 염원과 바람을 함께해 주시기 위해
와 주신 분들과 기도해 주신 많은 형제 자매님들께도
감사드리며 함께 만들어 간 자리였습니다.

그 공동체를 위하는 여러분의 선한 마음이
하늘에 닿은 가을음악회였습니다.
복되고 복되리라 하신
주님의 은총 늘 함께하시길 기도하겠습니다.
감사합니다. ♡ (23년 11월 27일)

**저 가난한 과부가 다른 모든 사람보다 더 많이 넣었다.**

(루카 21, 3)


아버지 하느님, 봉헌의 액수보다 그 마음을 보게 하소서.
저희를 위하여 당신의 모든 것을 바치신 그 사랑을 보게 하소서.
아멘♡


*　*　*


**너희가 보고 있는 저것들이,**

**돌 하나도 다른 돌 위에 남아 있지 않고**

**다 허물어질 때가 올 것이다.** (루카 21, 6)


아버지 하느님,

두 번이나 무너지고 다시 세워진 성전은

아직까지 복구되고 있지 못함을 알게 하소서.

당신께서 허락하지 않으신 것은 영원할 수 없나이다.

당신의 말씀에 합당한 오늘을 살아냄으로

당신을 모신 마음속 성전을 굳건히 지키게 하소서.

아멘♡

**너희는 인내로써 생명을 얻어라.**

(루카 21, 19)


머리카락 한 올도 잃지 않게 하시는
인내와 위로의 하느님 아버지,
바르고 착한 마음으로 말씀을 듣고 간직하여
인내로써 열매를 맺게 하소서.
아멘♡


**하느님을 사랑하는 이들,**
**그분의 계획에 따라 부르심을 받은 이들에게는**
**모든 것이 함께 작용하여**
**선을 이룬다는 것을 우리는 압니다.**

(로마 8, 28)

하늘과 땅은 사라질지라도
내 말은 결코 사라지지 않을 것이다.

(루카 21, 33)


아버지 하느님,
봄이 가면 여름이 오듯,
당신의 섭리 안에서
당신의 말씀은 이루어지고 있음을 알게 하소서.
세상의 일들 속에서 당신의 말씀을 만나게 하시고,
세상의 물음에 당신의 말씀을 행하는 삶으로
답하게 하소서.
아멘♡


**당신 말씀은 제 발에 등불, 저의 길에 빛입니다.**

(시편 119, 105)

사람의 아들 앞에 설 수 있는 힘을 지니도록
늘 깨어 기도하여라.

(루카 21, 36)


아버지 하느님,
모든 환난과 영적 싸움을 다 이겨 내고
당신께 다다를 수 있도록 당신만을 바라보며
늘 깨어 기도하게 하소서.
말씀을 실천하며 당신의 현존을 느끼어 얻는
그 기쁨과 즐거움으로, 고난 중에 일으키시고
세우심을 깨닫게 하소서.
아멘♡


주님은 나의 힘, 나의 방패.
내 마음 그분께 의지하여 도움을 받았으니
내 마음 기뻐 뛰놀며 나의 노래로 그분을 찬송하리라.

(시편 28, 7)

# 4부

# 대림 시기

◆

## 기다림으로 빚어지는 믿음

대림 제1주일 ~ 성탄 전야

기다림이 믿음이 되는 순간

준비되지 않은 마음으로 맞이하는 은총

침묵 속에서 자라는 희망

주님, 저는 주님을
제 지붕 아래로 모실 자격이 없습니다.
그저 한 말씀만 해 주십시오.
그러면 제 종이 나을 것입니다.

(마태 8, 8)


아버지 하느님,
백인 대장의 당신께 대한 믿음을 보시어
저희에게 믿음을 더하여 주소서.
중풍으로 괴로워하던 종에 대한 사랑이
그 믿음을 더하였나이다.
겸손과 온유함으로 믿음 위에
당신께서 주신 사랑 깊게 하소서.
아멘♡


주님, 제가 주님을 모시기에 합당치 않사오나,
한 말씀만 하소서. 제가 곧 나으리이다.

**너희가 보는 것을 보는 눈은 행복하다.**

(루카 10, 23)


길이요, 진리요, 생명이신 아버지 하느님,

당신을 바로 보게 하시고,

당신의 말씀을 바로 듣게 하소서.

당신의 눈으로 세상을 보게 하시고

말씀으로 세상을 듣게 하소서.


세상의 지혜는 변하나

당신께서 주신 지혜는 영원하나이다.

모든 참지혜는 진리이신

당신으로부터 옴을 알게 하시어

당신을 바로 봄과 바로 들음이,

바로 참지혜를 얻는 길임을 알게 하소서.

아멘♡


**당신의 진리 위를 걷게 하시고 저를 가르치소서.**

**당신께서 제 구원의 하느님이시니 날마다 당신께 바랍니다.**

(시편 25, 5)

**너희에게 빵이 몇 개나 있느냐?** (마태 15, 34)

아버지 하느님,

어제까지의 삶을 기준으로

내일 당신의 역사하심을 예단하지 않게 하소서.

연민과 사랑으로 저희에게 물으시는 아버지 하느님!

그 사랑이 기적을 만드나이다.

배불리 먹고도 남을 만큼 채워 주시는 아버지 하느님,

당신께서 거저 주신 그 사랑,

사랑으로 나누고 나누어 보답하게 하소서. 아멘♡

* * *

**주 하느님은 영원한 반석이시다.** (이사야 26, 4)

아버지 하느님,

당신의 반석 위에 삶을 짓게 하소서.

당신의 말씀 아래에 말과 혀를 따르게 하소서.

당신의 뜻을 헤아려 행하게 하시어

비바람에도 우뚝 서 있는 자녀 되게 하소서. 아멘♡

**영이 없는 몸이 죽은 것이듯**
**실천이 없는 믿음도 죽은 것입니다.** (야고 2, 26)

너 어디 있느냐? (창세기 3, 9)

숨었습니다. (창세기 3, 10)

은총이 가득한 이여 기뻐하여라,

주님께서 너와 함께 계시다. (루카 1, 28)

하느님께는 불가능한 일이 없다. (루카 1, 37)

저는 주님의 종입니다.

말씀하신 대로 저에게 이루어지기를 바랍니다. (루카 1, 38)


아버지 하느님,

"저 여기 있나이다."

숨은 곳에서 아버지께 외치게 하소서.

"기뻐하나이다."

당신께서 함께 계시니 불가능한 일이 없나이다.

마음을 열어 온전히 나를 비워

당신께 의탁하게 하시어 말씀이 씨가 되고

열매가 되어 그대로 제게 이루어지소서.

아멘♡

너희는 다시 울지 않아도 되리라.

네가 부르짖으면 그분께서 반드시 너희에게 자비를 베푸시고,

들으시는 대로 너희에게 응답하시리라.

(이사야 30, 19)


아버지 하느님,

나를 위해 부르짖게 하지 마시고

우리를 위해 부르짖게 하소서.

당신의 사랑을 실천하지 못함에 눈물짓게 하소서.

그 마음을 보시어

'이리로 가거라' 하시는 말씀으로 이끌어 주시고

기쁜 마음으로 따르게 하소서.

아멘♡


이것이 바른길이니 이리로 가거라 하시는 말씀을

너희 귀로 듣게 되리라.

(이사야 30, 21)

**너희는 주님의 길을 마련하여라.**

**그분의 길을 곧게 내어라.**

(마르코 1, 3)


아버지 하느님,
광야에 제 마음 놓이게 하시어
당신의 길 곧게 내게 하소서.
회개함으로 죄를 씻고 마음을 정화하여
나를 비우게 하소서.


당신의 빛으로 당신께 이르게 하시고
당신과의 일치로 의로움이 깃든
새 하늘과 새 땅을 얻게 하소서.
아멘♡

**사람아, 너는 죄를 용서받았다.**

(루카 5, 20)


아버지 하느님,
지붕으로 올라가 기와를 벗겨 내고
중풍 환자를 당신 앞에 내려놓은
그 믿음과 공감과 열정과 사랑을 닮게 하소서.
몸과 마음을 다하여 행할 때
당신의 은총이 있음을 깨닫게 하소서.
아멘♡


**그때에 눈먼 이들은 눈이 열리고,**
**귀먹은 이들은 귀가 열리리라.**

(이사야 35, 5)

나는 마음이 온유하고 겸손하니
내 멍에를 메고 나에게 배워라.
그러면 너희가 안식을 얻을 것이다.
정녕 내 멍에는 편하고 내 짐은 가볍다.

(마태 11, 29-30)


아버지 하느님,
온유와 겸손 안에서 사랑하게 하소서.
당신의 멍에를 메고 당신의 눈으로
세상을 보는 법을 배우게 하시며
당신께서 주시는 안식과 참평화 안에서
새 힘을 얻게 하소서.
아멘♡


주님께 바라는 이들은 새 힘을 얻고,
독수리처럼 날개 치며 올라간다.
그들은 뛰어도 지칠 줄 모르고,
걸어도 피곤한 줄 모른다.

(이사야 40, 31)

**두려워하지 마라. 내가 너를 도와주리라.**

(이사야 41, 13)


아버지 하느님,

아브라함, 이사악, 모세, 여호수아,

기드온, 보아즈, 이사야, 바오로에게

"두려워하지 말아라"라고 하신 말씀

잊지 않게 하소서.


군대를 보내 주신 것이 아니라,

풍랑을 멎게 하신 것이 아니라,

저희와 함께하시는 그 현존하심으로

저희를 통해 모든 것을 이루심을

깨닫게 하소서.

아멘♡


**내가 너와 함께 있으니 두려워하지 마라.**

(창세기 26, 24)

나는 주 너의 하느님,

너에게 유익하도록 너를 가르치고,

네가 가야 할 길로 너를 인도하는 이다.

(이사야 48, 17)


아버지 하느님,

저희가 가야 할 길로 인도하여 주소서.

피리를 불 때는 춤을 추며

함께 기뻐하게 하시고

곡을 할 때는 가슴을 치며

함께 슬퍼할 수 있게 하소서.

함께 공감할 수 있는 마음을 주시고

그 선한 뜻 안에서 지혜를 주소서.

아멘♡


지혜가 옳다는 것은

그 지혜가 이룬 일로 드러났다.

(마태 11, 19)

**엘리야는 이미 왔지만,**

**사람들은 그를 알아보지 못하고 제멋대로 다루었다.**

(마태 17, 12)


아버지 하느님,

이미 오신 메시아, 그리스도, 예수님

당신을 제 안에 모실 수 있음에 감사하게 하소서.

한없이 기쁘게 하소서.

제 몸은 당신을 모신 성전, 제 안에 살아 계시나이다.

제멋대로 다루지 않게 하소서.

제 마음은 당신의 말씀이 뿌려져 자라는 정원,

아름답게 가꾸어 열매 맺게 하소서.

아멘♡


**이제는 내가 사는 것이 아니라 그리스도께서**

**내 안에 사시는 것입니다.**

(갈라 2, 20)

**너희 가운데에는**

**너희가 모르는 분이 서 계신다.**

(요한 1, 26)


저희를 간절히 사랑하신 아버지 하느님,

사랑하게 하소서.

당신 안에서 크게 기뻐할 수 있음은,

끊임없이 기도할 수 있음은,

모든 일에 감사할 수 있음은

당신께서 주신 사랑으로 누군가를

간절히 사랑할 때임을 알게 하소서.

아멘♡


사랑하면 알게 되고, 알면 보이나니

그때 보이는 것은 전과 같지 않으리라.

(유한준)

**하느님께서 우리와 함께 계시다.** (마태 1, 23)

저희를 모든 죄에서 구원하시러 오신

예수 그리스도님,

저희를 구원하소서.

저희의 죄를 씻겨 주소서.


당신의 사랑을 실천함으로

사랑이신 당신을 알게 하시고,

당신의 말씀을 붙잡고 기도하며

말씀이신 당신 안에 뿌리내리게 하소서.

아멘♡


**내가 너를 구원하였으니 두려워하지 마라.**

**내가 너를 지명하여 불렀으니 너는 나의 것이다.**

(이사야 43, 1)

보라, 때가 되면 이루어질 내 말을 믿지 않았으니,

이 일이 일어나는 날까지 너는

언어장애인이 되어 말을 못하게 될 것이다.

(루카 1, 20)


아버지 하느님,

즈카르야가 벙어리 됨을

깊이 깨닫게 하소서.

내 입을 막아야

당신의 말씀이 들리나이다.

아멘♡


**믿음은 들음에서 오고**

**들음은 그리스도의 말씀으로 이루어집니다.**

(로마 10, 17)

**젊은 여인이 잉태하여 아들을 낳고
그 이름을 임마누엘이라 할 것입니다.**

(이사야 7, 14)


숨을 불어넣어 주신 아버지 하느님,
저희의 숨 속에 함께하심을 아옵니다.
어둠을 빛으로 밝히시는 빛이신 아버지 하느님,
그 빛으로 함께하심을 아옵니다.


숨과 빛으로 늘 함께 계시는
사랑이시며 말씀이신 주님,
사랑할 때, 말씀을 행할 때
이미 함께 계신 당신을
만날 수 있고 느낄 수 있고,
기뻐할 수 있음을 알게 하소서.
아멘♡


**은총이 가득한 이여, 기뻐하여라.
주님께서 너와 함께 계시다.**

(루카 1, 28)

**행복하십니다.**

**주님께서 하신 말씀이 이루어지리라고 믿으신 분!**

(루카 1, 45)


아버지 하느님,

믿음이 부족하여 반신반의하며 청하는 기도가 많나이다

저희의 기도에 믿음을 더하여 주시어

말씀은 저희 가운데에 살아 계시며

그대로 이루어짐을 깨닫게 하소서.


몸도 반 마음도 반,

몸과 마음을 다하지 못함에 자비를 베푸시어

당신께서 사람이 되시어 친히 주신

말씀이 진리요, 생명임을 깨달아

몸과 마음을 다하여 간직하고 지키게 하소서.

아멘♡


**하느님의 말씀을 듣고 지키는 이들이 오히려 행복하다**

(루카 11, 28)

**내 영혼이 주님을 찬송하고**

**내 마음이 나의 구원자 하느님 안에서 기뻐 뛰니…** (루카 1, 46)


아버지 하느님, 사랑하는 가족을 주시어

저희에게 이미 성탄의 큰 기쁨을 주셨나이다.

당신께서 주신 선물을 소중히, 감사히 여기게 하소서.

영혼으로 찬미하며 아버지 하느님 안에서

저희 마음이 기뻐 뛰어 노래하게 하소서. 아멘♡


**그분의 자비는 대대로**

**당신을 경외하는 이들에게 미칩니다.** (루카 1, 50)


* * *


**안 됩니다. 요한이라고 불려야 합니다.** (루카 1, 60)


아버지 하느님,

즈카르야의 입이 열림을 깊이 깨닫게 하소서.

당신의 말씀을 받아들여야 열리나이다. 아멘♡


**– 요한: 하느님께서 자비를 베푸셨다.**

**저는 주님의 종이옵니다.**

**말씀하신 대로 저에게 이루어지길 바랍니다.**

(루카 1, 38)


말씀이 사람이 되시어

저희 가운데 살아 계시는 아버지 하느님,

제 마음이 당신을 모신 구유이게 하소서.

나를 내려놓은 그 자리에 말씀은 살아나고

당신께서 사랑으로 늘 함께하셨음을 깨닫나이다.


받아들임으로 열리고

비움으로 채워짐을 주시나니

마음으로 준비하는 성탄이게 하소서.

말씀과 하나 되어 당신과 하나 되게 하소서.

아멘♡

5부

# 성탄 시기

◆

**말씀이 사람이 되시어 우리 가운데 오시다**

성탄 대축일 ~ 주님 세례 축일

가장 낮은 자리에서 시작된 구원

평범한 하루 안에 오시는 하느님

아기 예수 앞에서 배우는 겸손

함께 계시다는 약속

한 처음에 말씀이 계셨다.

말씀은 하느님과 함께 계셨는데,

말씀은 하느님이셨다.

그분께서는 한 처음에 하느님과 함께 계셨다.

모든 것이 그분을 통하여 생겨났고,

그분 없이 생겨난 것은 하나도 없다.

그분 안에 생명이 있었으니, 그 생명은 사람들의 빛이었다.

모든 사람을 비추는, 참빛이 세상에 왔다.

(요한 1, 1-4. 1, 9)


저희를 구원하시려

세상의 빛으로 오신 예수 그리스도님,

당신은 길이요, 진리요, 생명이시며

사랑이시고 말씀이시나이다.

아멘♡

다른 제자가 베드로보다 빨리 달려 무덤에 다다랐다.

안으로 들어가지는 않았다.

그제야 무덤에 먼저 다다른 다른 제자도 들어갔다.

그리고 보고 믿었다.

(요한 20, 4)


아버지 하느님,

당신께는 오실 때 감쌌던 포대기와

가실 때 감쌌던 아마포만이 있었나이다.

마구간 구유로 오셔서,

빈 무덤에서 부활하셨나이다.

가장 먼저 달려간 제자 요한은,

당신을 부인한 베드로였지만

먼저 들어가지 않고 맏형으로 인정해 주었나이다.


당신께 받은 사랑만큼 달려가게 하소서.

먼저 다다르더라도 이웃을 보게 하시고

기다릴 수 있게 하시고 양보하게 하소서.

그리고, 그 마음과 사랑으로 당신을 볼 수 있음을,

그 믿음으로 열매 맺을 수 있음을 깨닫게 하소서.

아멘♡

**우리가 우리 죄를 고백하면,**

**그분은 성실하시고 의로우신 분이시므로**

**우리의 죄를 용서하시고**

**우리를 모든 불의에서 깨끗하게 해 주십니다.** (1요한 1, 9)


아버지 하느님,

사랑으로 오시어 저희를 죄로부터 구원하시려

스스로 속죄 제물이 되심을 잊지 않게 하소서.

깊은 통회와 성찰로 저희 죄를 바로 보게 하시어

당신께서 주신 은총인 고해성사를 통해 성화되게 하소서.

아멘♡


＊　＊　＊


**말씀이 사람이 되시어, 우리 가운데 사셨다.** (요한 1, 14)


말씀으로 사랑으로 인도하시는 아버지 하느님,

가난한 마구간 구유에서 태어나시니 당신은

지금도 가장 낮은 곳에 계시나이다.

당신이 계신 곳으로 가도록 용기를 주소서.

나를 태워 빛으로 오신 당신을 밝게 빛나게 하소서.

아멘♡

**제 눈이 당신의 구원을 본 것입니다.**

(루카 2, 30)


아버지 하느님,

의롭고 독실한 시메온을 보게 하소서.

당신 뜻을 찾고 때를 기다리는

인내와 겸손과 지혜를 주시어

성령의 인도하심으로

삶 속에서 당신의 구원을 보게 하소서.

아멘♡


**누구든지 그분의 말씀을 지키면,**

**그 사람 안에서는 참으로 하느님 사랑이 완성됩니다.**

(1요한 2, 5)

**세상은 지나가고 세상의 욕망은 지나갑니다.**

**그러나, 하느님의 뜻을 실천하는 사람은 영원히 남습니다.**

(1요한 2, 17)


아버지 하느님,

성전을 떠나는 일 없이 단식하고 기도하며

밤낮으로 당신을 섬겼던 한나를 기억하게 하소서.

슬픔을 만나 당신을 섬기어

기쁨과 감사의 삶을 살았나이다.

아멘♡


감사를 표현하는 가장 좋은 방법은

모든 것을 기쁨으로 받아들이는 것이다.

(마더 데레사)

**모든 것 위에 사랑을 입으십시오.**

**사랑은 완전하게 묶어 주는 끈입니다.**

(콜로새서 3, 14)


아버지 하느님,

가족은 당신께서 주신 가장 큰 선물이며 은총이나이다.

사막 가운데 있는 오아시스와 같고

망망대해의 방주와 같나이다.

당신 사랑 안에 머무는 성가정이 되게 하소서.

함께 기도하며 당신의 말씀으로 서로를 위로하게 하시고

용서와 사랑으로 주님 마음에 드는 성가정이 되게 하소서.

아멘♡


**그리스도의 평화가 여러분의 마음을 다스리게 하십시오.**

**그리스도의 말씀이 여러분 가운데 풍성히 머무르게 하십시오.**

(콜로새서 3, 15–16)

돌이켜 보면

아쉽고 부족한 부분들, 욕심냈던 것들,

이룬 것과 이루지 못했던 것들,

사랑했던 마음, 미워했던 마음들 모두,

주님께서 주신 큰 은총들과 함께 기억하며 감사하며

주님께 모두 봉헌 드립니다.


24년은 좀 더 빈 마음으로

주님 사랑과 말씀 안에서

머물 수 있기를 기도드립니다.


꾸르실리스타 모든 분들의

성가정에 주님 은총 늘 함께하시며 기쁨 충만하시길

날마다 드리는 기도에 더하여 기도드립니다.

더욱 건강한 새해 되세요~^^

아멘♡

주님께서 그대에게 복을 내리시고,
그대를 지켜 주시리라.
주님께서 그대에게 당신 얼굴을 비추시고,
그대에게 은혜를 베푸시리라.
주님께서 그대에게 당신 얼굴을 들어 보이시고,
그대에게 평화를 베푸시리라.

(민수 6, 24-26)


아버지 하느님,
복의 근원은 아버지 하느님이시옵니다.
아멘♡


너희가 주 너희 하느님의 말씀을 잘 들으면,
이 모든 복이 내려 너희 위에 머무를 것이다.
너희는 성읍 안에서도 복을 받고
들에서도 복을 받을 것이다.
너희는 들어올 때에도 복을 받고
나갈 때에도 복을 받을 것이다.

(신명 28, 2-6)

**그분 안에 머무르십시오.** (1요한 2, 28)


아버지 하느님,

저희에게 주신 은사와 소명을 바로 보게 하소서.

하느님 안에서 더 큰 은사를 구하여,

주신 달란트로 두 배 세 배 열매 맺는 24년이 되게 하시고

뜻하시는 바대로 쓰임 받게 하소서. 아멘♡


**여러분은 더 큰 은사를 열심히 구하십시오.** (코린 12, 31)


* * *


**그분께서는 죄를 없애시려고**
**나타나셨던 것입니다.** (1요한 2, 5)


아버지 하느님,

당신께서 흘리셨던 고귀한 피로 저희의 죄를 씻겨 주소서.

그리스도의 마음으로 당신께 다가가게 하소서. 아멘♡


**당신은 우리를 당신을 향하도록 지으셨으므로**
**우리 마음은 당신 안에서 쉬기까지는 쉼을 모릅니다.**

(성 아우구스티누스)

무엇을 찾느냐?

어디에 묵고 계십니까?

와서 보아라.

우리는 메시아를 만났소.

(요한1, 38-41)


아버지 하느님,

저희가 찾고 있는 것은 당신께서 주시나이다.

당신 안에 머물게 하소서.

당신께서 계신 곳으로 인도하여 주시어

그곳에서 당신을 뵙게 하소서.

아멘♡


"하느님, 제가 숨 쉬는 것만으로도

당신께 더 좋은 기도가 되게 하소서.

입술보다는 발걸음이 더 좋은 기도가 되게 하소서."

(토마스 머튼)

하느님께서는 우리의 마음보다 크시고
또 모든 것을 아시기 때문입니다.

(1요한 3, 20)


모든 것을 아시는 아버지 하느님,
굳어져 가는 마음을 깨닫게 하시어
살로 된 마음이게 하소서.
마음이 무거워질 때 깨어 기도하여
당신을 닮은 큰마음을 내게 하시고
어두움이 스며들 때 깨어 기도하여
당신의 빛으로 밝혀 주소서.
아멘♡


**우리가 깨달을 수 없는 위대한 일들을 하시는 분이십니다.**

(욥기 37, 5)

**우리는 동방에서 그분의 별을 보고**

**그분께 경배하러 왔습니다.**

(마태 2, 2)


아버지 하느님,

동방박사 이방인에게 보인 별이

유다인에게는 보이지 않았나이다.


당신께서 인도하시는 별을 보게 하시고

별이 멈춘 그때 당신께로 인도하신 것은

당신께서 주신 말씀이었음을 잊지 않게 하소서.

당신을 뵌 이후엔, 제 길이 아닌

당신 뜻대로 이르신 다른 길을 걷게 하소서.

아멘♡

**그분께서는 너희에게 성령으로 세례를 주실 것이다.** (마르코 1, 7-8)

아버지 하느님, 그날을 기억하옵니다.

의지할 곳 없는 가난한 영혼에게 주신

사랑이었음을 아옵니다.

낙담과 절망으로 세상은 온통 흑백이었고,

걸을 힘조차 없이 마음은 잿빛이었나이다.

선을 베풀지도 않았고 말씀도 몰랐던

탕자에게 주신 자비였고 빛이었나이다.

그저 당신의 인도하심으로

당신을 주님으로 받아들였나이다.


성령으로 세례를 주셨나이다.

따뜻한 손길이 마음을 어루만졌나이다.

세상은 환했고 기쁨이 넘쳤고

모든 사람이 사랑스러웠고 세상이 아름다웠나이다.

기도로 마음을 전하면 전하여짐을 느낄 수 있었고

기도하며 잠이 들었고 눈을 뜨면 마음이 바뀌어

기쁨으로 응답을 주셨나이다.


햇빛은 너무 아름답게 빛났고,

놀라운 이 변화와 은혜를 보는 이마다

얘기하고 싶었나이다.
절망의 끝에서 '나'는 없었나이다.
나조차 없어진 영혼에게 주신 당신의 사랑이었고
위안이었고 치유였나이다.

그때는 이해할 수 없었던 일들을
지금은 조금은 이해할 수 있나이다.
어머니의 간절한 기도가 있었음을 이제는 아옵니다.
가난한 영혼과 함께하시는 당신의 사랑이었음을 깨닫나이다.
한순간도 잊을 수가 없나이다.
그 따듯함, 그 환한 빛과 아름다웠던 세상을….

당신의 크신 사랑에 사랑으로 보답하게 하소서.
누군가에게 당신의 사랑을 전하는 삶으로 응답하게 하시고
당신께서 주신 사랑을 한순간도 잊지 않게 하소서.
아멘♡

# 6부

# 연중 시기

◆

## 평범한 날의 거룩함

주님 세례 축일 다음 날 ~ 재의 수요일 전날

하루하루 주님과 함께

삶의 자리에서 피어나는 신앙

오늘이라는 선물을 살아 내며

익숙한 날들 속 은총을 발견하는 시간들

**너는 내가 사랑하는 아들, 내 마음에 드는 아들이다.** (마르 1, 11)


아버지 하느님,

당신을 온전히 모시는 삶을 통해

당신께서 생명의 숨을 불어넣으신

태초 때의 모습과 마음을 회복하게 하소서.

당신 마음에 드는 자녀 되게 하시어

당신 음성을 듣는 축복 허락하소서. 아멘♡


* * *


**딸아, 네 믿음이 너를 구원하였다.**

**병에서 벗어나 건강해져라.** (마르 5, 34)


아버지 하느님,

당신 발 앞에 엎드려, 간곡히 청하게 하소서.

그러면, 지금의 고통이 당신을 만나는 은총이 되옵나이다.

당신 앞에 엎드려 사실대로 다 아뢰게 하소서.

당신이 아니시면 가진 것을 모두 쏟아부어도 아무 효험이 없나이다.

당신을 만나는 그 자리에서 믿음으로 구원받아

모든 이가 병에서 벗어나 일어나게 하소서. 아멘♡


**탈리타 쿰!** (마르 5, 41)

주님, 아침에 제 목소리 들어 주시겠기에

아침부터 당신께 청을 올리고 애틋이 기다립니다.

(시편 5, 4)


아버지 하느님,

당신께서 오늘도 주신, 아침입니다.

얼마나 아름다운지요!

오늘 우리가 하느님께서 저희에게 주시는 말씀 속에

숨은 메시지를 놓치지 않도록 기도하나이다.

아멘♡

조용히 하여라.

그 사람에게서 나가라 하고 꾸짖으시니

새롭고 권위 있는 가르침이다.

더러운 영에게 명령하니 그들도 복종하는구나.

(마르1, 25-27)


아버지 하느님,

사람을 움직이게 하는 힘, 권위는 존재에서 오는 힘이며

아버지 하느님으로부터 오는 것임을 알게 하소서.

당신의 말씀과 가르침은 사람을 성장시키는 에너지이며,

당신께서 태초에 지으신 질서로 회복시키는 힘이옵니다.

천지를 말씀으로 창조하신,

그 말씀의 힘과 권위임을 깨닫게 하시어,

당신께서 주신 가르침인 말씀 안에서

생각하고 말하고 행하게 하소서.

아멘♡


하느님의 말씀은 살아 있고 힘이 있으며

어떤 쌍날칼보다도 날카롭습니다. (히브 4, 12)

하느님께서 말씀하시기를

"빛이 생겨라" 하시자 빛이 생겼다. (창세기 1, 3)

**주님, 말씀하십시오. 당신 종이 듣고 있습니다.**

(사무엘 3, 9)


아버지 하느님,

주님을 알지 못해 사무엘은

세 번이나 당신의 부르심에 응답하지 못했나이다.

저희 모두가 사무엘에게 하느님을 알려 준 엘리가 되게 하시어

많은 영혼들이 주님을 알고 부르심에 응답하여

당신의 뜻대로 쓰임 받게 하소서.

아멘♡


**주님께서 그와 함께하시어,**

**그가 한 말은 한마디도 땅에 떨어지지 않게 하셨다.**

(사무엘 3, 19)

**내가 하고자 하니 깨끗하게 되어라.**

(마르코 1, 41)


아버지 하느님,

당신 앞에 제 안에 있는 모든 것을 내려놓고

무릎을 꿇고 기도하게 하소서.

당신에 대한 믿음이 수단이 되게 하지 마시고,

은총과 기적을 좇아 헤매지 않게 하시며,

받은 은총을 자랑거리로만 삼게 하지 마시어

당신을 바깥 외딴곳에 머무르시지 않게 하소서.


제 안으로 머무시는 당신을

삶으로 드러냄으로

오롯이, 온전히 당신만을 바라보며

만나는 기쁨으로 살게 하소서.

아멘♡


**고을로 들어가지 못하시고, 바깥 외딴곳에 머무셨다.**

(마르 1, 45)

너는 죄를 용서받았다.

일어나 들것을 들고 집으로 돌아가거라.

(마르 2, 5-11)


죄를 보지 않으시고 믿음을 보시는 아버지 하느님,

당신께 '나'를 온전히 고백하여

당신의 용서와 치유를 경험하게 하소서.

이웃의 아픔을 기도로 당신께 완전히 드러내게 하시어

기도하는 이와 받는 이 모두에

당신의 자비로 용서와 치유의 축복을 내려 주소서.

아멘♡


이제 사람의 아들이 땅에서

죄를 용서하는 권한을 가지고 있음을

너희가 알게 해 주겠다.

(마르 2, 10)

**나는 의인이 아니라 죄인을 부르러 왔다.**

(마르 2, 17)


자비로우신 아버지 하느님,

저희의 죄를 마주 보게 하소서.

그 죄들을 통해 겸손을 알게 하시어

이웃을 이해할 수 있는 마음의 기회이게 하시고

매번 넘어져도 다시 일어나

당신께로 오기를 바라시는

당신의 사랑과 자비를 잊지 않게 하소서.

아멘♡


**예수 그리스도에 대한 믿음을 통하여 오는**

**하느님의 의로움은 믿는 모든 이를 위한 것입니다.**

(로마 3, 22)

**무얼 찾느냐? 와서 보아라.**

**우리는 메시아를 만났소.**

(요한 1, 38. 41)


아버지 하느님,

제가 진정 찾는 것이 무엇인지요?

제가 진정 무엇을 위해, 어디를 향해 하루를 걷고 있는지요?

'와서 보아라' 하신 부르심에 과연 어디로 가야 하는지요?

당신은 과연 어디에 계시온지요?

제 안에서 오는 소음을 걷어 내어 당신의 음성을 듣게 하소서.

제가 부여잡고 있는 나를 떠나

당신이 머무시는 곳으로 가게 하소서.

그곳에서 당신께서 주신 소임으로 쓰임 받게 하시어

말씀으로 주신 삶을 살아 냄으로 당신을 만났다 여기게 하소서.

아멘♡


**내 살을 먹고 내 피를 마시는 사람은**

**내 안에 머무르고 나도 그 사람 안에 머무른다.**

(요한 6, 56)

**진정 말씀을 듣는 것이 제사 드리는 것보다 낫고,**

**말씀을 명심하는 것이 숫양의 굳기름보다 낫습니다.**

(사무엘기 상권 15, 22)


아버지 하느님,

묻게 하시어 알게 하시고

듣게 하시어 머물게 하소서.

당신을 통하여 당신과 함께 당신 안에서

우리 가운데 사시는 당신을 만나게 하소서.

아멘♡


**말씀은 하느님이셨다.**

(요한 1, 1)

**말씀이 사람이 되시어 우리 가운데 사셨다.**

(요한 1, 14)

**주님, 아침에 제 목소리 들어 주시겠기에**

**아침부터 당신께 청을 올리고 애틋이 기다립니다.**

(시편 5, 4)


오늘 우리가 하느님께서 저희에게 주시는 말씀 속에

숨은 메시지를 놓치지 않도록 기도하나이다.

아멘♡


* * *


**사람의 아들은 또한 안식일의 주인이다.**

(마르 2, 28)


아버지 하느님,

안식일은 남을 쉬게 하기 위한 배려와 사랑의

정신임을 알게 하소서(신명기 5, 12–15).

그럴 때야 비로소 말씀하신 거룩한 날이 되옵나이다.

하느님은 사랑이시니 사랑을 실천하는 안식일이 되게 하시고,

말씀이 사람이 되시어 저희 가운데 살아 계시니

말씀을 지키어 당신을 전함으로

당신 안에 머무는 거룩한 날 되게 하소서.

아멘♡

**손을 뻗어라.** (마르 3, 5)


주님의 궤약 궤로도 진 필리스티아인과의 전쟁에서

무릿매 끈과 돌멩이 하나로 승리를 이끌게 하신 아버지 하느님,

당신은 그 마음과 믿음을 보심을 알게 하소서.

대살육이 벌어진 그날 그 전투,

승리를 위해 모셔 온 계약 궤에 당신은 계시지 않았나이다.

전쟁은 칼이나 창이 아닌

주님께 달린 것이라는 그 믿음을 보게 하소서.


아버지 하느님,

오그라든 마음을 뻗게 하소서.

현실에 가로막혀 내 안에서 허우적대는

사울의 마음이 되지 않게 하시며

당신을 보게 하시어 '손을 뻗어라' 하신 말씀으로

다시 성하게 하소서.

아멘♡


**내가 진실로 너희에게 말한다.**

**너희가 믿음을 가지고 의심하지 않으면**

**이 산더러 '들려서 저 바다에 빠져라.'**

**하여도 그대로 이루어질 것이다.** (마태 21, 21)

**예수님께서 산에 올라가시어,**

**당신께서 원하시는 이들을 가까이 부르시니**

**그들이 그분께 나아왔다.**

(마르 3, 13)


아버지 하느님,

당신의 부르심과 제자들의 떠남과 따름이 있었나이다.

산에 오르시어 많은 기도로 당신 뜻을 헤아려 부르셨고,

나를 버리고 모든 것을 버린 떠남과 따름이었나이다.


지금의 십자가를 기꺼이 짐으로

그날 그때 당신의 십자가를 나누어 지게 하소서.

당신의 말씀을 품고

당신과 늘 함께 지낼 수 있게 하소서.

아멘♡


**누구든지 내 뒤를 따르려면 자신을 버리고**

**제 십자가를 지고 나를 따라야 한다.**

(마르 8, 34)

**때가 차서 하느님의 나라가 가까이 왔다.**

**회개하고 복음을 믿어라.**

(마르 1, 15)


아버지 하느님,

지나는 데만 사흘 걸리는 니네베 사람들이

하루 만에 자루 옷을 입고 회개하였나이다.

나를 따라서 오라 하신 부르심에

제자들은 곧바로 응답하여 따랐나이다.


당신 안에 머물러야 곧바로 회개할 수 있고

곧바로 응답할 수 있음을 잊지 않게 하소서.

저는 늘 부족하오니 말씀 안에서, 기도 안에서

당신 안에 머물 수 있도록 함께하여 주소서.

복음을 들어 믿고, 믿음을 통하여 전하고,

전하여 다시 듣게 하소서.

아멘♡


**그러자, 그들은 곧바로 그물을 버리고 예수님을 따랐다.**

(마르 1, 18)

**씨 뿌리는 사람은 실상 말씀을 뿌리는 것이다.** (마르 4, 14)

아버지 하느님,
당신의 말씀을 전하게 하시고
당신의 말씀을 나누게 하소서.
당신의 말씀을 성당 밖에서도 안에서도
나누어 전하여 깨어 기도하게 하소서.
당신의 말씀 속에 머물게 하소서.

당신의 말씀은 성령의 칼이니
말씀을 붙들고 기도하여 악을 이겨 내게 하소서.
당신은 말씀이시며 우리 가운데 살아 계시니
말씀으로 듣고 열리어 믿음을 더하게 하소서.
당신의 말씀은 씨앗이시니
마음밭 가운데에 깊게 뿌리내리시어 많은 열매 맺게 하시고
누군가의 마음밭 가슴에
당신 말씀의 씨앗을 전하여 심어지게 하소서.

복의 근원이신 아버지 하느님,
당신의 말씀을 삶으로 살아 내고 지키어 증거함으로
누군가에게 복을 짓는 밀알이게 하소서.
아멘♡

**그들은 말씀을 듣고 받아들여, 어떤 이는 서른 배,**

**어떤 이는 예순 배, 어떤 이는 백 배의 열매를 맺는다.** (마르 4, 20)


* * *


**오늘 주님 목소리에 귀를 기울여라,**

**너희 마음을 무디게 하지 마라.** (시편 95, 7-8)


아버지 하느님,

세상일로 걱정하며 마음이 갈라지지 않게 하시어

충실하게 당신을 섬기게 하소서.

마음에 어두움이 스며들 때

당신께서 아무 상관도 없는 존재인 양

마음을 무디게 하나이다.

당신 목소리에 귀 기울여 깨어나 기도하게 하소서.

마음이 무디어져 어둠이 스며들 때,

예수 그리스도의 이름으로 명하여

당신의 빛으로 밝게 빛나게 하소서.

아멘♡


**조용히 하여라, 그 사람에게서 나가라.** (마르 1, 25)

그곳에서 몇몇 병자에게

손을 얹어서 병을 고쳐 주시는 것밖에는

아무런 기적도 일으키실 수 없었다.

(마르 6, 5)


아버지 하느님, 여기가 그곳이지 않게 하소서.

여기 제 마음이 그곳 그 사람들의 마음이지 않게 하소서.

모든 지혜와 기적은 당신에게서 오는 것이니

믿음 없이는 아무런 지혜도 기적도

이루어지지 않음을 알게 하소서.


사랑이시며 자비로우신 주님,

부족한 저희에게 지혜를 주시고

믿음을 더하여 주시어 당신을 바로 알게 하시고,

그 믿음에 합당한 당신의 역사하심과 기적을 얻게 하소서.

아멘♡


모든 지혜는 주님에게서 오고 영원히 주님과 함께 있습니다.

지혜의 근원은 하느님의 말씀이며

당신을 보여 주실 이들에게 지혜를 베푸시어

당신을 알아보게 하십니다. (집회서 1, 1-10).

**길을 떠날 때에 지팡이 외에는 아무것도,**

**빵도 여행 보따리도 전대에 돈도 가져가지 말라.**

(마르 6, 8)


아버지 하느님,

당신께서 제 안에 계시지 않으시면

풍요로움은 더 많은 죄를 짓는 도구에 불과하나이다.

당신께서 제 안에 머물지 않으시면

가난도 자유가 아니라 더 한 구속이나이다.


차라리, 주님께서 돌아와 보실 때

깨어 있는 종이게 하소서.

아니시면, 마음을 비우고 당신으로 가득 차게 하시어

당신의 뜻이라면

이 산을 저리로 옮길 수 있는 종이게 하소서.

아멘♡

**예수님의 부모는 아기를 예루살렘으로
데리고 올라가 주님께 바쳤다.**

(루카 2, 22)


아버지 하느님,

카인과 그의 제물은 굽어보지 않으시고

아벨이 바친 맏배들과 그 굳기름은

기꺼이 굽어보셨나이다.

아벨의 봉헌과 한 과부의 봉헌을 통해

그 정성과 마음을 보심을 깨닫게 하시고

사무엘을 통한 말씀을 통해

진정 말씀을 듣고 명심하는 삶을 봉헌하게 하소서.

아멘♡


**사람이 하느님에게 바칠 제물은 감사하는 마음이요,**

**사람이 지킬 것은 지존하신 분에게 서원한 것을 갚는 일이다.**

(시편 50, 14. 공동번역)

**여러분의 몸을 하느님 마음에 드는 거룩한 산 제물로 바치십시오.**

**이것이 여러분이 드려야 하는 합당한 예배입니다.** (로마 12, 1)

**진정 말씀을 듣는 것이 제사 지내는 것보다 낫고,**

**말씀을 명심하는 것이 숫양의 굳기름보다 낫습니다.** (1사무 15, 22)

당신 종에게 듣는 마음을 주시어 당신 백성을 통치하고
선과 악을 분별할 수 있게 해 주십시오.

(열왕상 3, 9)


아버지 하느님,
나를 위한 기도에 그치지 않고
우리를 위한 기도를 하게 하소서.
솔로몬의 기도를 기억하게 하시어
그 직분에 맞는 지혜와 분별력을 청하게 하소서.
청하지도 않은 부와 명예를 그에게 주셨음은
그 마음을 보신 것임을 알게 하소서.


주님 안에서 본분에 충실하고
주님께서 주신 소임을 다할 때
부와 명예는 주님의 자애로 주어지는 것이지
청하여 얻는 것이 아님을 알게 하소서.
당신 안에서 소임을 다할 때
바쁨 속에서 고요한 평화와 쉼을 얻는 기쁨을
당신의 말씀을 듣고 깨달아 알게 하소서.
아멘♡


**주님은 나의 목자, 나는 아쉬울 것 없어라.**
**푸른 풀밭에 나를 쉬게 하시고,**

잔잔한 물가로 나를 이끄시어,

내 영혼에 생기를 돋우어 주시고,

바른길로 나를 끌어 주시니,

당신의 이름 때문이어라.

(시편 23, 1–3)

**그 옷자락 술에 그들이 손이라도 대게 해 주십사고 청하였다.
과연 그것에 손을 댄 사람마다 구원을 받았다.** (마르 6, 56)


아버지 하느님,

당신께서 가는 곳마다 들것을 들고 서로 부축하며

당신을 만나고 싶었던 그들의 간절함과 희망, 믿음과 배려의

그 마음을 보시어 당신의 옷자락 술에

손이라도 댄 이들에게 구원을 주셨나이다.

서로를 위해 기도하게 하시어

몸과 마음의 치유에 서로가 큰 힘이 되게 하소서.

어제의 미움이 오늘 주님께서 허락하신

새날 새 아침의 이 순간에 이어지지 않도록

서로를 위해 기도하고 용서하며 감사한 마음을 봉헌하여

주님의 마음으로 시작하게 하소서.

아멘♡


**믿음의 기도가 그 아픈 사람을 구원하고,
주님께서는 그를 일으켜 주실 것입니다.
서로 남을 위하여 기도하십시오.
그러면 여러분의 병이 낫게 될 것입니다.
의인의 간절한 기도는 큰 힘을 냅니다.** (야고보 5, 15-16)

이 백성이 입술로는 나를 공경하지만,

그 마음은 내게서 멀리 떠나 있다.

그들은 사람의 규정을 교리로 가르치며 나를 헛되이 섬긴다.

(마르 7, 6-7)


아버지 하느님,

씻지 않는 손보다 씻겨 내지 못하는 마음을 보게 하소서.

진정 주님께서 주신 소중한 음식들을

감사한 마음으로 먹게 하시고,

매일 저도 모르게 행하는 습관화된 기도와 일상 속에서

그 의미를 다시 찾고 본질을 잊지 않게 하소서.

아멘♡


마음을 다하여 당신 앞에서 걷는 종들에게

당신은 계약을 지키시고

자애를 베푸시는 분이십니다.

(열왕기상 8, 23)

사람 밖에서 몸 안으로 들어가

그를 더럽힐 수 있는 것은 하나도 없다.

오히려 사람에게서 나오는 것이 그를 더럽힌다.

(마르 7, 15)


아버지 하느님, 마음의 선한 곳간에서

선한 것을 내놓는 자녀이게 하소서.

마음에 들고 나는 것들을 잘 분별하여

당신께서 주신 말씀을 거름종이 삼아

좋은 생각과 말을 안으로 담게 하시고

선함으로 밖으로 행하게 하소서.

아멘♡


**선한 사람은 마음의 선한 곳간에서 선한 것을 내놓고,**

**악한 자는 악한 곳간에서 악한 것을 내놓는다.**

(루카 6, 45)

"에파타!" 곧 "열려라!" 하고 말씀하셨다.

그러자 곧바로 그의 귀가 열리고 묶인 혀가 풀려서

말을 제대로 하게 되었다.

(마르 7, 34-35)


아버지 하느님,

말씀에 마음이 열리어 눈과 귀와 입을 열리게 하소서.

돌과 같은 마음으론 귀가 있어도 들리지 않고

눈이 있어도 보이지 않나이다.


모르는 단어나 언어는 들리지 않으니

당신의 말씀을 공부하게 하시고

경험하지 못한 사랑은 알지 못하여 행할 수 없으니,

알고 깨달아 사랑으로 보답하게 하소서.

아멘♡

주님께서 그대에게 복을 내리시고 그대를 지켜 주시리라.

주님께서 그대에게 당신 얼굴을 비추시고

그대에게 은혜를 베푸시리라.

주님께서 그대에게 당신 얼굴을 들어 보이시고

그대에게 평화를 베푸시리라.

그들이 이렇게 이스라엘 자손들 위로 나의 이름을 부르면,

내가 그들에게 복을 내리겠다. (민수 6, 23-27)


아버지 하느님,

서로를 위해 축복하는 한 해가 되게 하소서.

당신 마음에 드는 복된 자 되어

복을 짓는 한 해가 되게 하소서.

기도하는 한 해가 되게 하소서.

기도는 당신과 나누는 유일한 언어이니

마음을 당신께 향하는 한 해 되게 하소서.

아멘♡


주어라, 그러면 너희도 받을 것이다.

누르고 흔들어서 넘치도록 후하게 되어

너희 품에 담아 주실 것이다. (루카 6, 38)

7부

# 사순 시기

◆

**회개의 시간, 은총의 걸음**

재의 수요일 ~ 성목요일 낮

마음을 비우고 주님께 돌아가는 길

침묵 속에서 나를 다시 보다

내 안의 소음을 내려놓는 시간

비워야 채워지는 은총

마음을 다하여 나에게 돌아오너라.

주 너희 하느님께 돌아오너라.

(요엘 2, 12-13)


숨은 일도 보시는 아버지 하느님,

니네베 사람들의 회개를 기억하게 하소서.

사순 시기가 시작하는 재의 수요일이니,

단식과 기도로 다시 돌아와 당신 앞에 서게 하시고

자선으로 당신 뜻 헤아리게 하소서.

한 줌 흙이고 먼지이오니

항상 함께해 주시어 당신께서 주신 생명의 숨을

잃지 않고 살아가게 하소서.

아멘♡


**너는 먼지이니 먼지로 돌아가리라.**

(창세기 3, 19)

**모두 한곳으로 가는 것.**

**모두 흙으로 이루어졌고**

**모두 흙으로 되돌아간다.**

(코헬렛 3, 20)

누구든지 내 뒤를 따라오려면, 자신을 버리고
날마다 제 십자가를 지고 나를 따라야 한다.

(루카 9, 23)


아버지 하느님,
날마다 제 십자가를 지고
당신께서 이르신 길을 따르게 하시고
진리를 사랑하게 하시고 생명을 구하게 하소서.
날마다 자신을 버린 자리에 당신의 말씀으로 채우소서.
아멘♡


주 너희 하느님을 사랑하고
그분의 말씀을 들으며 그분께 매달려야 한다.
주님은 너희의 생명이시다.

(신명 30, 20)

내가 좋아하는 단식은 이런 것이 아니겠느냐?

불의한 결박을 풀어 주고 멍에 줄을 끌러 주는 것.

억압받는 이들을 자유롭게 내보내고

모든 멍에를 부수어 버리는 것이다.

네 양식을 굶주린 이와 함께 나누고 가련하게 떠도는 이들을

네 집에 맞아들이는 것, 헐벗은 사람을 보면 덮어 주고

네 혈육을 피하여 숨지 않는 것이 아니겠느냐?

(이사야 58, 6-7)


아버지 하느님,

그리하게 하소서.

그때이게 하소서.

아멘♡


그리하면 너의 빛이 새벽빛처럼 터져 나오고

너의 상처가 곧바로 아물리라.

너의 의로움이 네 앞에 서서 가고

주님의 영광이 네 뒤를 지켜 주리라.

그때 네가 부르면 주님께서 대답해 주시고

네가 부르짖으면 '나 여기 있다.' 하고 말씀해 주시리라.

(이사야 58, 8-9)

**나는 의인이 아니라**

**죄인을 불러 회개시키러 왔다.**

(루카 5, 32)


아버지 하느님,

죄에 무감각한 의인이지 않게 하시고

당신께 자비를 구하는 죄인이게 하소서.

아멘♡


**죄가 많아진 그곳에 은총이 충만히 내렸습니다.**

(로마 5, 20)

네가 네 가운데에서

멍에와 삿대질과 나쁜 말을 치워 버린다면

굶주린 이에게 네 양식을 내어주고

고생하는 이의 넋을 흡족하게 해 준다면

네 빛이 어둠 속에서 솟아오르고

암흑이 너에게는 대낮처럼 되리라.

(이사야 58, 9-10)


아버지 하느님, 그리하게 하소서.

당신의 기쁨으로 충만해지는 그때이게 하소서.

아멘♡


네가 길을 떠나는 것과 네 일만 찾는 것을 삼가며

말하는 것을 삼가고 안식일을 존중한다면

너는 주님 안에서 기쁨을 얻고 나는 네가 세상 높은 곳 위를 달리게

하며

네 조상 야곱의 상속 재산으로 먹게 해 주리라.

(이사야 58, 13-14)


청하여라. 받을 것이다.

그리하여 너희 기쁨이 충만해질 것이다.

(요한 16, 24)

**너희가 내 형제들인 이 가장 작은 이들 가운데**

**한 사람에게 해 준 것이 바로 나에게 해 준 것이다.**

(마태 25, 40)


아버지 하느님, 당신을 뵈옵는 그때

오른쪽에 있는 양이고 알곡이게 하시고

주님 앞에 "저희가 언제"라고 말하지 않게 하소서.

"이 가장 작은 이들"은 바로 우리 모두이옵니다.

당신께 받은 사랑으로, 서로의 사랑으로

서로를 사랑하고 서로를 보듬어야 할,

모두 치유되어야 할 우리이옵니다.

그 상처의 원인인 우리만이

서로를 치유시킬 수 있음을 알게 하소서.

그 "언제"인가에 사람을 살리는 "나"였기를

간절히 청하며 살게 하소서.

아멘♡


**삶이 끝날 때 우리는 사랑으로 심판받게 될 것입니다.**

(십자가의 성 요한)

**너희 아버지께서는 너희가 청하기도 전에
무엇이 필요한지 알고 계신다.**

(마태 6, 7-8)


아버지 하느님,
저희의 기도가 영혼의 호흡이게 하소서.
바라면서도 헤아리는 기도이게 하시고
말하면서도 듣는 기도이게 하소서.
하늘의 비와 눈이 땅을 적시어
기름지게 하고 싹이 돋아나게 하듯
당신의 말씀이 저희 마음에도 내리시어
기름지게 하시고 열매 맺게 하소서.
아멘♡


**기도의 본질적 요소는 많이 생각하는 데에 있지 않고,
많이 사랑하는 데 있습니다.
기도란 사랑의 행위 외에 다른 아무것도 아닙니다.**

(아빌라의 성녀 데레사)

사람이든 짐승이든 모두 자루 옷을 걸치고

하느님께 힘껏 부르짖어라.

저마다 제 악한 길과 제 손에 놓인 폭행에서 돌아서야 한다.

(요나 3, 8)


아버지 하느님,

옷이 아니라 마음을 찢게 하소서.

당신께 돌아가게 하소서.

많은 표징을 이미 보여 주셨나이다.

이제는 저희가 당신의 표징이게 하소서.

아멘♡


그러나 이제라도 울고 슬퍼하면서 마음을 다하여

나에게 돌아오너라.

(요엘 2, 12)

**스승님은 살아 계신 하느님의 아드님
그리스도이십니다.**

(마태 16, 16)


아버지 하느님,
베드로 사도의 신앙고백을 반석으로 삼아
교회를 세우셨나이다.
저희가 당신의 사랑과 말씀으로 성장하여,
당신 안에서 말씀 안에서 기도 가운데 따뜻하고
아름다운 성전을 만들 수 있도록 인도하소서.
아멘♡


**네가 무엇이든지 땅에서 매면
하늘에서도 매일 것이고,
네가 무엇이든지 땅에서 풀면
하늘에서도 풀릴 것이다.**

(마태 16, 19)

자기 형제에게 성을 내는 자는
누구나 재판에 넘겨질 것이다.
그리고 자기 형제에게 '바보!'라고 하는 자는
최고 의회에 넘겨지고,
'멍청이!'라고 하는 자는 불붙는 지옥에 넘겨질 것이다.
(마태 5, 22)


아버지 하느님,
저는 부족하오니 제 안에 머무르시어
당신께서 이르신 대로 행하게 하소서.
아멘♡


여러분의 입에서는 어떠한 나쁜 말도 나와서는 안 됩니다.
필요할 때에 다른 이의 성장에 좋은 말을 하여,
그 말이 듣는 이들에게
은총을 가져다줄 수 있도록 하십시오.
(에페 4, 29)

**너희가 되질하는 바로 그 되로**

**너희도 되받을 것이다.**

(루카 6, 38)


아버지 하느님,

제 마음이 바뀌어 용서하게 하시고,

그 마음이 닿아 서로를 이해하게 하소서.

용서를 구하는 마음으로 용서하게 하시고,

그 마음으로 서로를 안아 주게 하소서.

당신께서는 시공간을 초월하여 그곳에 계시니,

옛 그날에도 지금에도 내일에도 함께해 주시어

당신의 눈길로 세상을 보고 당신의 손길로 안아 주고

당신의 발길로 머물게 하시어

사랑만 가득히 남게 하소서.

아멘♡


**주어라. 그러면 너희도 받을 것이다.**

**누르고 흔들어서 넘치도록 후하게 되어**

**너희 품에 담아 주실 것이다.**

(루카 6, 37-38)

누구든지 자신을 높이는 이는 낮아지고
자신을 낮추는 이는 높아질 것이다.

(마태 23, 12)


아버지 하느님,
저는 부족하오니 제게 늘 머무르시어
거짓으로 섬기지 않게 하시고
위선으로 낮추지 않게 하소서.
내가 아닌 칭찬하는 이와 대접하는 이의
선한 마음을 보게 하시고
칭찬 속에 교만해지는 '나'를 보게 하소서.


스스로 가득 찬 자만이 아니라
당신으로 가득 찬 성전으로서
마음을 정화하고 거룩하게 하소서.
아멘♡


**너희의 죄가 진홍빛 같아도 눈같이 희어지고
다홍같이 붉어도 양털같이 되리라.**

(이사야 1, 18)

**내가 마시려는 잔을 너희가 마실 수 있느냐?**

(마태 20, 22)

아버지 하느님,

3년간의 제자들과의 동거 생활과

세 번의 수난예고에도

제자들은 자리다툼까지 하였나이다.

사랑하는 제자들은 당신을 부인하고

팔아넘기고 도망쳤나이다.

그런 제자들을 끝까지 사랑하셨나이다.


그 제자들의 모습들은 모두 부족한

제 안에 있는 것들이기도 하나이다.

쓰러지고 넘어져도 다시 일어나

십자가의 길을 걷게 하시고

제 안에 늘 머물러 주시어 당신의 잔을 들게 하소서.

아멘♡


**누구든지 내 뒤를 따라오려면,**

**자신을 버리고 제 십자가를 지고 나를 따라야 한다.**

(마태 16, 24)

**그들만은 이 고통스러운 곳에 오지 않게 해 주십시오.**

(루카 16, 28)


아버지 하느님,

어떤 부자의 절규를 잊지 않게 하소서.

나의 아버지 하느님은

그들의 아버지 하느님이기도 하심을 잊지 않게 하소서.

예수님을 가진 자가 모든 것을 가진 것이니

주신 사랑을 나누고 전하여 하늘의 보물이 되게 하소서.

아멘♡


**그들의 말을 들어야 한다.**

(루카 16, 29)

집 짓는 이들이 내버린 돌,

그 돌이 모퉁이의 머릿돌이 되었네.

(마태 21, 42)


아버지 하느님,

자기를 죽이려 했고 이집트로 팔아넘겼던

형들을 살린 요셉을 기억하게 하소서.

선으로 악을 이기게 하시고

사랑으로 질투와 탐욕을 이기게 하시며

용서로 죄가 죄로 끝나지 않게 도와주소서.

하느님의 자녀로서 예수 그리스도의 공동 상속자로서,

구원의 머릿돌이 되신 주님의 희생과 사랑과 용서를 닮게 하시고

당신의 인자하심 안에 머물게 하소서.

아멘♡


**하느님의 영의 인도를 받는 이들은 모두 하느님의 자녀입니다.**

**성령께서 몸소, 우리가 하느님의 자녀임을**

**우리의 영에게 증언해 주십니다.**

**자녀이면 상속자이기도 합니다.**

**우리는 하느님의 상속자입니다.**

**그리스도와 더불어 공동 상속자인 것입니다.**

(로마 8, 15-17)

**저를 아버지의 품팔이꾼 가운데 하나로 삼아 주십시오.**

(루카 15, 19)


아버지 하느님,

아버지 품으로 돌아온 탕자이게 하소서.

아버지의 곁이라면 품팔이꾼이라도 삼아 달라는

그 통회와 회개를 잊지 않게 하소서.

늘 아버지 곁에서 있었던 큰아들의 마음은

가장 멀리 떠나 있었나이다.

제가 그고 그가 저이옵니다.


종처럼 섬긴다 스스로 위안을 하고

한 번도 아버지 명을 어기지 않았다 하며

교만 속에 있나이다.

나에게 사랑이 없으면 아무것도 아님을,

한낱 꽹과리에 지나지 않음을 잊지 않게 하소서.

차라리 쥐엄나무 열매를 먹으며

아버지를 그리워하는 탕자이게 하소서.

아멘♡


**너는 늘 나와 함께 있고 내 것이 다 네 것이다.**

(루카 15, 31)

**이것들을 여기에서 치워라.**

**내 아버지 집을 장사하는 집으로 만들지 마라.**

(요한 2, 16)


아버지 하느님,

당신을 모신 성전인 마음에서

세상 것들을 치우게 하소서.

신앙을 사유화시키기도 하고

교회를 자아를 드러내는 장소로 여기며

나름의 셈법으로 장사를 하기도 하나이다.


물건을 사고팔아야만 장사가 아니라

마음의 들고남으로도 장사를 할 수 있음을 깨닫게 하시어

가차 없이, 바로 잘못된 마음의 성전을 허물게 하시고

당신의 성전을 다시 세우게 하소서.

아멘♡


**이 성전을 허물어라,**

**그러면 내가 사흘 안에 다시 세우겠다.**

(요한 2, 19)

**이스라엘에는 나병 환자가 많이 있었다.**

**그러나 그들 가운데 아무도 깨끗해지지 않고,**

**시리아 사람 나아만만 깨끗해졌다.**

(루카 4, 27)


아버지 하느님,

저의 작은 지식과 부족한 경험이

당신의 말씀을 받아들이는 데에

걸림돌이 되지 않도록 하소서.

지금까지 걸어온 인생의 잣대로 세상을 다 잴 수 있다

생각하지 않게 하소서.


제 눈을 버리고 당신의 눈으로 세상을 바라보고

말씀을 받아들일 때,

당신의 모든 피조물들을 당신을 대하듯 대할 때

제 마음의 나병은 깨끗해지고

제가 지은 죄들 속 한가운데를 주님께서

가로질러 나오실 수 있음을 깨닫게 하소서.

아멘♡


**그들 한가운데를 가로질러 떠나가셨습니다.**

(루카 4, 30)

**너희가 저마다 자기 형제를 마음으로부터 용서하지 않으면,**

**하늘의 내 아버지께서도 너희에게 그처럼 하실 것이다.**

(마태 18, 35)


아버지 하느님,

만 탈렌트를 탕감받은 제가

백 데나리온을 빚진 동료를 감옥에 가두려 하나이다.

용서로 그 죄를 하늘에 메이지 않게 하시고,

그 상처에 메이지도 않게 하소서.

가두면 갇히고 풀어야 내가 풀리나니

나를 위해서도 풀어야 할 메임임을 잊지 않게 하소서.


당신께서 주신 사랑과 자비, 그에 감사함이

메인 것을 푸는 열쇠이오니 이르신 대로 언제나 기뻐하고

끊임없이 기도하며 모든 일에 감사하게 하소서.

아멘♡


**일곱 번이 아니라 일흔일곱 번까지라도 용서해야 한다.** (마태 18, 22)

**오늘 저희가 당신께 바치는 희생 제물이 되어**

**당신을 온전히 따를 수 있게 하소서.**

(다니엘 3, 40)

**하느님의 나라가 이미 너희에게 와 있는 것이다.**

(루카 11, 20)


아버지 하느님,

당신께서 계신 곳이 하느님의 나라이고

구원이 시작이옵나이다.

당신의 말씀을 듣게 하소서.

듣지 않으면 열리지 않으니

저희 입술에서 진실은 사라지고 끊기나이다.

주님 편에 서서 모아들이는 자 되게 하시고

흩어버리는 자 되지 않게 하시어

신앙공동체의 일치를 이루게 하소서.

아멘♡


**내가 너희에게 명령하는 길만 온전히 걸어라.**

**그러면 너희가 잘될 것이다.**

(예레미야 7, 23)

**마음을 다하고 생각을 다하고 힘을 다하여**
**그분을 사랑하는 것과 이웃을 자기 자신처럼 사랑하는 것이**
**모든 번제물과 희생 제물보다 낫습니다.**

(마르 12, 33)


아버지 하느님,
그 너머에 있는 당신만을 보게 하소서.
몸과 마음을 다해 당신만을 바라보게 하소서.
때론 마음과 사람에 메이어
그 벽이 커지고 당신이 보이지 않으니
저는 당신을 잊나이다.
비틀거리며 헤매는 저를 보게 하시고
기도하게 하시어 당신을 잊지 않게 하시고
당신의 말씀을 기억하게 하소서.
그 너머에 계시는 당신께서 제 안에 머무르시고
제가 당신 안에 머무를 수 있도록 인도하여 주시어
당신께서 주신 사랑으로 사랑하게 하소서.
아멘♡


**우리가 서로 사랑하면, 하느님께서 우리 안에 머무르시고**
**그분 사랑이 우리에게서 완성됩니다.**

(1요한 4, 12)

**하느님께서 세상을 너무나 사랑한 나머지
외아들을 내주시어, 그를 믿는 사람은 누구나
멸망하지 않고 영원한 생명을 얻게 하셨다.**

(요한 3, 16)


외아들을 통하여 저희를
자녀이게 하신 아버지 하느님,
아들이 우는 모습을 보니 마음이 아팠답니다.
혹시 제가 아프면 아버지께서도 아프신가요?
제가 기쁘면 당신께서도 기쁘신가요?


이 마음과 사랑과 기쁨과 슬픔
모두 아버지에게서 왔나이다.
아버지와 자녀인 저희는 연결되어
있음을 알게 하소서.
당신께서 마음에 드는 일을 하는 자녀이게 하시고
사랑을 전하는 자녀이게 하시어,


늘 함께하시고 지켜보고 계시는
임마누엘 아버지 하느님,
당신께 자랑스런 자녀이게 하소서.
아멘♡

세상은 지나가고 세상의 욕망도 지나갑니다.

그러나 하느님의 뜻을 실천하는 사람은 영원히 남습니다.

(1요한 2, 17)

**예수님께서 자기에게 이르신 말씀을 믿고 떠나갔다.**

(요한 4, 50)


아버지 하느님,

당신의 말씀을 간절히, 충실히 겸손하게 들어 믿게 하소서.

모든 것을 함께 작용하여 선을 이루시는

아버지 하느님의 뜻을 저희는 다 헤아릴 수 없나이다.

희망 속에 기뻐하고 환난 중에 인내하며 기도하게 하시어

당신께서 이루시는 선을 믿고 기다리게 하소서.

아멘♡


**하느님을 사랑하는 이들,**

**그분의 계획에 따라 부르심을 받은 이들에게는**

**모든 것이 함께 작용하여**

**선을 이룬다는 것을 우리는 압니다.**

(로마 8, 28)


**그들을 낫게 해 준 것은 약초나 연고가 아닙니다.**

**주님, 그것은 모든 사람을 고쳐 주는 당신의 말씀입니다.**

(지혜 16, 12)

**일어나 네 들것을 들고 걸어가거라.**




아버지 하느님,

벳사다 못 앞에서 세상과 사람을 보았나이다.

배려와 양보와 사랑은 없고

원망과 자신에 대한 연민, 자신밖에는

누구도 보지 못하는 무한경쟁 속 자기애….

못을 보지 말고 당신을 보게 하시고,

손가락을 보지 말고 달을 보게 하소서.

38년 아픈 병자는 바로 저희의 모습임을 알게 하시어,

당신의 말씀을 듣고 일어나 각자의 아픔과 고통의 들것을

들고 당신께 걸어가게 하소서.


당신의 말씀이 닿는 곳마다

모든 것이 살아나게 하소서.

아멘♡


**이 강이 닿는 곳마다 모든 것이 살아난다.**

(에제키엘 47, 9)

**너희는 그분을 알지 못한다.**

(요한 7, 28)


아버지 하느님,

저희는 모두 감옥 안에 있나이다.

자기합리화와 나름의 계산과 편견과 선입견으로

때론 왜곡된 생각들로 쇠창살을 만들어

스스로를 가두고 있나이다.

악이 눈을 멀게 하지 않게 하시고

당신을 바라보게 하소서.

당신을 알게 하시어 저희 모두는 당신에게서 왔고

당신께서 보내셨음을 알게 하소서.

아멘♡


**나는 그분을 안다. 내가 그분에게서 왔고,**

**그분께서 나를 보내셨기 때문이다.**

(요한 7, 29)

**내가 하는 일들이 나를 위하여 증언한다.**

(요한 5, 36)


아버지 하느님,

제가 하는 일들이 저를 증언하게 하시고,

제가 하는 일들로 저는 당신의 제자이고

자녀임을 증거하게 하소서.

당신의 말씀이 저희 안에 머물게 하시고

당신 안에서 생명을 구하게 하소서.

제가 하는 일들로 당신께 영광 돌리게 하시고

그 영광이 세상이 아닌

당신에게서 받은 영광이게 하소서.

아멘♡


**그분의 생각에 우리를 일치시키고,**

**그분의 기도에 우리의 기도를 일치시키고,**

**그분의 행위에 우리의 행위를 일치시키고,**

**그분의 생명에 우리의 생명을 일치시킵시다.**

(성 마더 데레사)

**그분처럼 말하는 사람은**

**지금까지 하나도 없었습니다.**

(요한 7, 46)


아버지 하느님,

세상의 지식이 아닌 당신의 지혜로 살아가게 하소서.

당신의 말씀을 마음으로 만나게 하시고

말씀 안에 살아 계시는 사랑이신 당신을 만나게 하소서.

그 사랑에 하나 되게 하시고

세상이 아닌 당신을 통해 나를 바라보게 하시어

창조 때 숨을 불어넣으시며 '좋았더라' 하신

그 모습을 회복하게 하소서.

아멘♡


**믿기 위해 아는 것이 인간적이라면**

**알기 위해 믿는 것은 신성에 가깝습니다.**

(성 아우구스티노)

**밀알 하나가 땅에 떨어져 죽지 않으면 한 알 그대로 남고,
죽으면 많은 열매를 맺는다.** (요한 12, 24)


밀알이 되시어 구원을 이루신
아버지 하느님,
당신께서 이르신 지금
이곳에서 밀알이게 하소서.
가족에게 이웃에게 말씨로 마음씨로
아름다운 씨앗이게 하시어
사랑과 생명의 열매 맺게 하소서.
아멘♡


**저는 바로 이때를 위하여 온 것입니다.
아버지, 아버지의 이름을 영광스럽게 하십시오.**

(요한 12, 27-28)

요셉은 의로운 사람이었고 또 마리아의 일을
세상에 드러내고 싶지 않았으므로,
남모르게 마리아와 파혼하기로 작정하였다.

(마태 1, 19)


아버지 하느님,
요셉 성인의 침묵 속에 의로움과 순종을 닮게 하소서.
자기를 비우고 말씀에 순종하며
당신의 의로움을 실천하였나이다.
당신의 말씀을 들어 믿게 하시고
곧 마음으로 믿어 의로움을 얻게 하소서.
아멘♡


그분께서는 하느님의 모습을 지니셨지만
하느님과 같음을 당연한 것으로 여기지 않으시고
오히려 당신 자신을 비우시어 종의 모습을 취하시고
사람들과 같이 되셨습니다.
이렇게 여느 사람처럼 나타나
당신 자신을 낮추시어 죽음에 이르기까지,
십자가 죽음에 이르기까지 순종하셨습니다.

(필립 2, 6-8)

너희가 내 말 안에 머무르면 참으로 나의 제자가 된다.
그러면 너희가 진리를 깨닫게 될 것이다.
그리고 진리가 너희를 자유롭게 할 것이다.

(요한 8, 31)


아버지 하느님,
당신의 말씀은 진리이니 매인 곳에서 풀어
자유롭게 해 주시나이다.
진리이신 말씀은 영원하니 불가마 속에서도 함께 거닐며
다친 곳 하나 없이 해 주시나이다.
당신의 가르침을 좋아하고 밤낮으로 되새기게 하소서.
그리하면 하는 일마다 잘되리라 하신
말씀 새기며 이루며 감사하며 살게 하소서.
아멘♡


내 안에 머물러라. 나도 너희 안에 머무르겠다.
가지가 포도나무에 붙어 있지 않으면
스스로 열매를 맺을 수 없는 것처럼,
너희도 내 안에 머무르지 않으면 열매를 맺지 못한다.

(요한 15, 4)

**나를 영광스럽게 하시는 분은 내 아버지시다.**

(요한 8, 54)


아버지 하느님,

세상이 주는 거짓 영광에 취하지 않게 하시고

당신께서 주시는 참된 영광을 위해 깨어 있게 하소서.

밖에서 들리는 달콤한 칭찬이 아니라

안에서 울리는 감동으로 고요히 감사하게 하소서.

당신의 말을 지키는 이는 영원히 죽음을 보지 않으리니

내가 사는 것이 아니라

제 안에 계신 그리스도께서 살게 하소서.

아멘♡


**이제는 내가 사는 것이 아니라**

**그리스도께서 내 안에 사시는 것입니다.**

(갈라 2, 20)

내가 그 일들을 하고 있다면

나를 믿지 않더라도 그 일들은 믿어라.

그러면 아버지께서 내 안에 계시고

내가 아버지 안에 있다는 것을

너희가 깨달아 알게 될 것이다.

(요한 10, 38)


아버지 하느님,

아버지 하느님의 일을 하는 자 되게 하소서.

사랑으로 사람을 만드시고

그 사람들을 자녀 되게 하시고 구원하기 위해

사람이 되시어 오신 아버지 하느님,

그 사랑하여 당신의 숨으로 지은 자녀들이

당신께 돌을 던지고 십자가에 매달았나이다.

당신의 말씀을 받는 자 되어 그때의 그들이지 않게 하시고

당신의 사랑을 전하여 당신의 일을 하는 자 되게 하시어

아버지께서 내 안에서 계시고

내가 아버지 안에 있음을 증거하게 하소서.

아멘♡


**오늘 너희는 주님 목소리에 귀를 기울여라.**

**너희 마음을 무디게 하지 마라.**

(시편 95, 7)

**마리아가 비싼 순 나르드 향유 한 리트라를 가져와서,**

**예수님의 발에 붓고**

**자기 머리카락으로 그 발을 닦아 드렸다.**

**그러자 온 집 안에 향유 냄새가 가득하였다.**

(요한 12, 3)


아버지 하느님,

주님의 발치에서 당신의 말씀을 섬겼던 이가

가장 소중한 것을 당신께 봉헌할 수 있음을 알게 하소서.

그리스도의 향기가 온 마음과 온 세상에 퍼지게 하소서.

아멘♡


**우리는 하느님께 피어오르는 그리스도의 향기입니다.**

(2코린 2, 15)

**저의 하느님, 저의 하느님,**

**어찌하여 저를 버리셨습니까?**

(마르 15, 34)


아버지 하느님,

호산나를 외치며 환호하던 군중은

십자가에 못 박으라고 외치고 있었나이다.

사랑하던 제자들은 당신을

팔아넘기고 부인하고 도망쳤나이다.

선한 일만 하시고 선한 가르침을 주신 당신께

돌아온 것은 제자들의 배신과 군중과

기득권 사제들의 조롱, 폭력과 음모와 죽임이었나이다.

어떻게 받아들이셨나이까?

어찌 받아들일 수 있나이까?


어찌 이토록 사랑하시어 본인을 산제물로 바치시어

구원의 길을 열어 주신 예수님,

죽음을 죽음으로 극복하시어 부활을 보여 주셨나이다.

죽음이 없으면 부활이 없듯

저희가 집착하는 세상 것들과 미움들을

당신의 십자가에 못 박아

사람을 살리는 사랑으로 거듭나게 하소서.

미워하지 않게 하시고

분노하지 않게 하시고

당신이 못 박히신 십자가에서

당신의 사랑을 보게 하시어

사랑할 수 있게 하소서. 아멘♡


**저의 하느님, 저의 하느님, 어찌하여 저를 버리셨습니까?**

**소리쳐 부르건만 구원은 멀리 있습니다.**

**저의 하느님, 온종일 외치건만 당신께서 응답하지 않으시니 저는**

**밤에도 잠자코 있을 수 없습니다….**

**주님, 당신께서는 멀리 계시지 마소서.** (시편 22, 2-20)

'주님을 위해서라면 저는 목숨을 내놓겠습니다' 하자…
닭이 울기 전에 너는 세 번이나 나를 모른다고 할 것이다.

(요한 13, 38)


아버지 하느님,
세 번이 아니라 셀 수 없이 당신을 잊기도 하고
셀 수 없이 당신을 떠났었나이다.
베드로의 눈물이 회개하는 저희의 눈물이게 하시고
저희가 미워하고 원망하는
누군가의 눈물임도 볼 수 있게 하소서.
깊게 회개하여 지은 죄 많음을 깨닫게 하시고
그만큼의 용서받음도 많았음을 알게 하시어
받은 사랑에 감사하고 더 큰 사랑으로 드러내게 하소서.
아멘♡


눈물로 내 발을 적시고 자기의 머리카락으로 닦아 주었다.
이 여자는 그 많은 죄를 용서받았다.
그래서 큰 사랑을 드러낸 것이다.

(루카 7, 44-47)

# 주님, 저는 아니겠지요?

(마태 26, 22)


아버지 하느님,

지은 죄 깨닫게 하시어 십자가에 못 박은 자

저임을 알게 하시고,

당신의 죽음으로 죽음에서 벗어나

새 생명을 얻은 이, 저임을 알게 하소서.

은닢 30냥보다도 더 싼 값에

당신을 저버린 이도 저임을 알게 하시고,

세 번 아닌 수만 번 삶 속에서 당신을

모르는 이처럼 행한 이도 저임을 알게 하소서.

베드로의 눈물로 회개하오니

마리아의 눈물로 당신의 발을 씻겨 드리오니

제 맘속에 항상 머물러 주소서.

아멘♡


어머니께 청하오니 제 맘속에 주님 상처

깊이 새겨 주소서.

# 8부

# 부활 시기

◆

## 주님과 함께 다시 일어서는 삶

주님부활 대축일 ~ 성령 강림 대축일

상처를 넘어 살아나는 희망

어둠을 지나 빛으로

새로운 생명으로 열리는 시간

부활의 빛 안에서 다시 걷다

**아버지의 영광을 통하여**

**죽은 이들 가운데에서 되살아나신 것처럼,**

**우리도 새로운 삶을 살아가게 되었습니다.**

(로마 6, 3-4)


아버지 하느님, 부활이게 하소서.

내가 죽고 이웃을 살리는 부활이게 하시고

죽음으로 죄에서 벗어나

당신의 자녀임을 증거하는 빛이게 하소서.

당신의 말씀으로 메인 것에서 풀려나는 자유이게 하시고

당신께서 흘리신 피로 죄 많은 몸을 씻어 거룩하게 해 주소서.

당신과 함께 죽었으니 당신과 함께 사는 부활이게 하소서.

아멘♡


**우리가 죽어 그분과 결합되었다면,**

**부활 때에도 분명히 그리될 것입니다.**

**우리의 옛 인간이 그분과 함께 십자가에 못 박힘으로써**

**죄의 지배를 받는 몸이 소멸하여,**

**우리가 더 죄의 종노릇을 하지 않게 되었습니다.**

**죽은 사람은 죄에서 벗어나기 때문입니다.**

**그래서 우리가 그리스도와 함께 죽었으니**

**그분과 함께 살리라고 우리는 믿습니다.**

(로마 6, 5-8)

**그물을 배 오른쪽에 던져라.**

**그러면 고기가 잡힐 것이다.**

(요한 21, 6)


아버지 하느님,

밤새도록 얻고자 한 것은 저 멀리 있는 것이 아니라

다른 곳에 있는 것이 아니라 바로 제가 있던

그 자리 오른쪽에 있었음을 알게 하소서.


받음은 당신의 말씀을 듣고 따를 때

주어지는 주심임을 알게 하시고

나를 버려서 받는 주심이며 은총임을 알게 하소서.


당신을 잃었다 생각하고

당신께서 함께 못하신다 생각하여 낙향하여 낙심하며

밤새도록 고기 한 마리 잡을 길 없는

절망 속에서 나를 내려놓는 그 시점,

동틀 무렵에 비로소 당신 말씀이 들리고,

말씀대로 행하여, 주심을 받으니

당신께서 늘 함께해 주심을 깨닫고,

늘 기도하며 말씀대로 행하게 하소서.

아멘♡

사람들에게 주어진 이름 가운데에서

우리가 구원받는 데에 필요한 이름은

하늘 아래 이 이름밖에 없습니다.

(사도 4, 12)

그들의 불신과 완고한 마음을 꾸짖으셨다.
되살아난 당신을 본 이들의 말을
그들이 믿지 않았기 때문이다.

(마르 16, 14)


아버지 하느님,
슬픔으로 가득 차, 때론 기쁨으로 가득 차
가끔은 분노로, 가슴 깊이는 미움으로,
때론 불신 속에서, 때론 완고한 마음으로 가득 차
당신의 은총을 담지를 못하나이다.


모두 자기애임을 알게 하시어
덜어 내게 하시고 당신께서 주신 은총과
사랑과 말씀으로 채우게 하소서.
삶으로 당신을 드러내게 하시고 보고 들은 것을
말하지 않을 수 없게 하소서.
아멘♡


**우리로서는 보고 들은 것을**
**말하지 않을 수 없습니다.**

(사도 4, 20)

**평화가 너희와 함께!**
**그들에게 숨을 불어넣으며…**
**성령을 받아라.**
(요한 20, 21-23)


**저의 주님, 저의 하느님!**
(요한 20, 28)


창조 때 숨을 불어넣으시고
주신 생명에 두 번째 숨을 불어넣으시니,
새로운 창조이며 부활이며 생명이니
성령을 받아 죄 이전의 평화를 누리게 하소서.

토마스의 정직한 불신은 당신을 만나게 하오니
정직하게 고백하게 하시고 ~척하지 않게 하시어
부족한 믿음에 믿음을 더하여 주시는 은총과
자비를 얻게 하소서.

당신께서 받은 생명과 사랑의 숨을 전하여
모두가 거듭 태어나는 새 창조의 부활이게 하시어
모두 큰 은총을 누리게 하소서.
아멘♡

그때 주 하느님께서 흙의 먼지로 사람을 빚으시고,

그 코에 생명의 숨을 불어넣으시니,

사람이 생명체가 되었다.

(창세 2, 7)

**하느님께서 세상을 너무나 사랑하신 나머지**

**외아들을 내주시어, 그를 믿는 사람은**

**누구나 멸망하지 않고 영원한 생명을 얻게 하셨다.**

(요한 3, 16)


아버지 하느님,

예수님의 부활체험 이후에 제자들은 진정으로 깨닫고

당신의 말씀을 온전히 이해했나이다.

그리고 그들은 빛이 되었나이다.

어둠이 짙어질수록 그 빛은 더욱 빛났나이다.


주님, 진정 빛이 되게 하소서.

진실로 새 생명으로 다시 태어나는 부활이게 하시어

지금부터 시작되는 이제 와 항상 영원한 생명이게 하소서.

제자들의 변화를 잊지 않게 하시어

삶 속에서 당신을 드러내는 빛이게 하소서.

아멘♡


**진리를 실천하는 이는 빛으로 나아간다.**

**자기가 한 일이 하느님 안에서 이루어졌음을 드러내려는 것이다.**

(요한 3, 21)

**하늘에서 오신 분은 모든 것 위에 계신다.**
**모든 것을 그분 손에 내주셨다.**

(요한 3, 31-35)


아버지 하느님,
당신으로부터 모든 것을 받으시어
모든 것을 내어주셨나이다.
당신의 은총은 노력해서 얻는 것이 아닌,
이미 주신 것 발견하는 것임을 알게 하소서.
과학도 발명도 우주도, 인간의 모든 문명은
당신께서 이미 주신 것을 발견해 가는 과정이옵나이다.


말씀을 들어 귀가 열리고 마음이 열리어
당신께서 문 앞에 계심을 알게 하시고
믿음으로 문을 열게 하시어
당신을 마음 안으로 모시게 하소서.
아멘♡


**보라, 내가 문 앞에 서서 문을 두드리고 있다.**
**누구든지 내 목소리를 듣고 문을 열면,**
**나는 그의 집에 들어가 그와 함께 먹고**
**그 사람도 나와 함께 먹을 것이다.**

(묵시 3, 20)

**여기 보리 빵 다섯 개와**

**물고기 두 마리를 가진 아이가 있습니다만,**

**저렇게 많은 사람에게**

**이것이 무슨 소용이 있겠습니까?**

(요한 6, 9)


모든 것을 가능하게 하시는 아버지 하느님,

하늘에서 내려주신 만나를 통해 40년 광야에서

사람들을 살리셨음을 잊지 않게 하소서.

보잘것없이 적은 오병이어를 통해

오천 명이 넘는 사람들이 배불리 먹고도

남게 하셨음을 기억하게 하소서.


이제는 직접 당신을 내주시어

생명의 빵인 성체성사를 통해

저희를 살리고 계심을 깨닫게 하소서.

아멘♡


**내가 생명의 빵이다.**

**나에게 오는 사람은 결코 배고프지 않을 것이며,**

**나를 믿는 사람은 결코 목마르지 않을 것이다.**

(요한 6, 35)

**배는 어느새 그들이 가려던 곳에 가 닿았다.**



아버지 하느님,

기쁨 속에서도 함께하시며

풍랑 속에서도 함께하시나이다.

당신과 함께하는 삶의 어려움은

부족한 나를 채우는 성장의 기회이며

은총의 마중물이니

담대히 기도하며 감사하며

기쁨으로 받아들일 수 있게 하소서.


모든 것을 합하여 선을 이루심을 알게 하시고

두려워하지 말라고 하시는 당신의 말씀으로 인도하게 하소서.

당신께서는 길이요, 진리요, 생명이니

말씀으로 이르신 길을 따라가면

가려던 곳에 어느새 닿아 있음을 깨닫게 하소서.

아멘♡


**주님, 저희가 누구에게 가겠습니까?**
**주님께는 영원한 생명의 말씀이 있습니다.** (요한 6, 68)
**나는 길이요, 진리요, 생명이다.** (요한 14, 6)

**예수님께서는 그들의 마음을 여시어**

**성경을 깨닫게 해 주셨다.**

(루카 24, 45)


아버지 하느님,

말씀을 깨닫게 해 주소서.

제 뜻이 아닌 당신의 뜻을 헤아리어 행할 수 있도록,

당신의 사랑과 부활의 증인이 되어

그 사랑이 저희 안에서 당신 안에서 완성될 수 있도록,

죄의 용서를 위한 회개가 예루살렘에서 시작되어

다시 예루살렘까지 선포될 수 있도록

깨달아 지켜 행하게 하소서.

아멘♡


**누구든지 그분의 말씀을 지키면,**

**그 사람 안에서는 참으로 하느님 사랑이 완성됩니다.**

(1요한 2, 5)

**너희는 썩어 없어질 양식을 얻으려고 힘쓰지 말고,**

**길이 남아 영원한 생명을 누리게 하는 양식을 얻으려고 힘써라.**

(요한 6, 27)


아버지 하느님, 천상의 양식을 구하게 하소서.

그 양식은 말씀이시며 말씀이 사람이 되어 오신

생명의 빵이신 예수님이시옵니다.

당신의 입에서 나오는 모든 말씀으로 살게 하소서.

아멘♡


**하느님의 일은 그분께서 보내신 이를**

**저희가 믿는 것입니다.** (요한 6, 29)


＊　＊　＊


**너희도 떠나고 싶으냐?** (요한 6, 67)


주님,

저희가 누구에게 가겠습니까?

주님께는 영원한 생명의 말씀이 있습니다(요한 6, 68).

아멘♡

**나는 생명의 빵이다.**

(요한 6, 48)


아버지 하느님,

생명은 살아 있게 하는 힘이며 에너지이며

당신께서 불어넣으신 숨이옵나이다.

살아 있는 당신의 명인 말씀을 듣고

믿어 행하는 것 또한 생명이며,

예수님께서 제 안에 계시고 제가 당신 안에서 머무는

영원할 수 있는 길이요, 진리임을 깨닫게 하소서.

아멘♡


**나는 하늘에서 내려온 살아 있는 빵이다.**

**누구든지 이 빵을 먹으면 영원히 살 것이다.**

**내가 줄 빵은 세상에 생명을 주는 나의 살이다.**

(요한 6, 51)

나는 착한 목자다.

착한 목자는 양들을 위하여 자기 목숨을 내놓는다.

아버지께서는 내가 목숨을 내놓기 때문에 나를 사랑하신다.

그렇게 하여 나는 목숨을 다시 얻는다.

(요한 10, 11-17)


아버지 하느님,

당신을 닮아 어디에서든 착한 목자이게 하소서.

당신의 숨을 불어넣으심은 생명이고 빛이오니

제 안에서 나오는 마음과 말이

당신의 빛으로 생명으로 전하여지게 하소서.

당신을 닮아 언제나 착한 목자이게 하소서.


양들을 잘 알게 하시고

그 마음을 헤아리고 안아 주어

제가 행하는 말과 행위가

당신의 사랑으로 전하여지게 하소서.

아멘♡


**이제 우리는 하느님의 자녀입니다.**

(1요한 3, 2)

나는 양들의 문이다.

누구든지 나를 통하여 들어오면 구원을 받고

또 드나들며 풀밭을 찾아 얻을 것이다.

나는 양들이 생명을 얻고 또 얻어 넘치게 하려고 왔다.

(요한 10, 7-10)


아버지 하느님, 당신은 참목자시니,

당신의 목소리를 알아듣는 양이게 하소서.

말씀을 늘 곁에 두어 당신께서 이르신 길을 걷게 하시고

깨어 있어 기도하는 양이게 하소서.


저는 부족하여 자주 미혹되오니 늘 함께해 주시어

성령으로 옳은 길로 인도해 주시고

당신의 말씀만을 듣는 성실한 양이게 하소서.

당신의 문을 드나들며 풀밭에 이르게 하시고

당신께서 주신 생명을 얻어

잎이 시들지 않는 나무와 같게 하소서.

아멘♡


나는 길이요, 진리요, 생명이다.

나를 통하지 않고서는 아무도 아버지께 갈 수 없다.

(요한 14, 6)

내 안에 머무르고 나도 그 안에 머무르는 사람은
많은 열매를 맺는다.
너희는 나 없이 아무것도 하지 못한다.

(요한 15, 5)


아버지 하느님,
저희에게 일어나는 마음을 비우고
주님으로 채워지게 하소서.
나무에서 가지가 영양분을 얻듯
당신에게서 주시는 사랑으로 살게 하소서.


제가 당신 안에 머무르고
당신께서 제 안에 머무시는 방법은
말씀으로 이르신 사랑이니,
말과 혀가 아닌 진리 안에서 사랑하게 하소서.
아멘♡


너희가 내 안에 머무르고 내 말이 너희 안에 머무르면,
너희가 원하는 것은 무엇이든지 청하여라.
너희에게 그대로 이루어질 것이다.

(요한 15, 7)

그분 곧 진리의 영께서 오시면
너희를 모든 진리 안으로 이끌어 주실 것이다.

(요한 16, 13)


보호자이시며 진리의 영이신 성령님,
저희에게 오시어
모든 진리 안으로 인도하소서.
거짓과 진리를 분별하게 하시고,
위선과 사랑을 구분 짓게 하시어
당신께서 이르신 말씀과 예수님 사랑 안에서
자유롭게 하소서.
아멘♡


너희가 내 말을 마음에 새기고 산다면
너희는 참으로 나의 제자이다.
그러면 너희는 진리를 알게 될 것이며
진리가 너희를 자유롭게 할 것이다.

(요한 8, 31–32)


이들을 진리로 거룩하게 해 주십시오.
아버지의 말씀이 진리입니다.

(요한 17, 17)

**너희의 근심은 기쁨으로 바뀔 것이다.** (요한 16, 20)


아버지 하느님,

없어야 있음을 깨닫고,

눈에 보이지 않는 없음으로

마음에 함께하시는 있음을 얻었나이다.

모든 근심 걱정 당신 안에 두게 하소서.

곧 기쁨으로 바뀔 것이니

없음으로 있음의 기쁨을 주셨나이다.


모든 것이 함께 작용하여

선을 이루게 하시는 아버지 하느님께

모든 근심 맡기고 신뢰하게 하소서.

아멘♡


**네 길을 주님께 맡기고 그분을 신뢰하여라.**

**그분께서 몸소 해 주시리라.** (시편 37, 5)


**네 근심을 주님께 맡겨라.**

**그분께서 너를 붙들어 주시리라.**

**의인의 흔들림을 결코 내버려두지 않으시리라.** (시편 55, 23)

**그들이 모두 하나가 되게 해 주십시오.**

(요한 17, 21)


아버지 하느님, 십자가를 볼 때마다
가로와 세로가 얽히어
일치를 이루고 있음을 깨닫게 하소서.
그 일치는 사랑으로 가능하오니
세상의 눈이 아닌 당신의 눈으로
사람에게서 사랑을 보게 하시고 당신을 보게 하소서.


배운 적도 없는, 사람의 타고난 본능인 사랑은
어머니의 젖이고 하느님과 나를 잇는 탯줄이옵나이다.
저희의 기도가 사랑이게 하시고
생각과 말과 행위가 사랑이게 하소서.
아멘♡


**하느님은 사랑이십니다.**
**사랑 안에 머무르는 사람은 하느님 안에 머무르고**
**하느님께서도 그 사람 안에 머무르십니다.**

(1요한 4, 17)

**그것이 너와 무슨 상관이 있느냐?**

**너는 나를 따라라.**

(요한 21, 22)


아버지 하느님,

쟁기에 손을 대고 뒤돌아보는 자

되지 않게 하시고(루카 9, 62)

강도를 만나 쓰러져 있는 다친 자를 위해서는

가던 길을 멈추고 이웃이 되게 하소서(루카 10, 30-37).


쓰러져도 일어나 당신께서 이끄신 길 따르게 하시고

어떠한 경우에든 감사하는 마음으로 기도하고 간구하며

당신께 아뢰게 하시고(필리 4, 6-7)

당신의 가르침을 좋아하고

밤낮으로 되새기게 하소서(시편 1, 2).

아멘♡

**하느님께서는 각 사람에게 공동선을 위하여
성령을 드러내 보여 주십니다.**

(사도 12, 7)


보호자이시며 협조자이신 성령님,

아버지 하느님께서 보내신 사랑이신 성령님,

저희에게 오소서.


공동체를 위한 공동선을 위해 성령칠은을 주시나니

살로 된 마음으로 열리어,

저마다의 언어와 생각으로도 이해하고 소통하며

사랑할 수 있는 공동체 이루게 하시어

하느님의 구원사업에 쓰임받는 은사 되게 하소서.

아멘♡

9부

# 연중 시기

◆

**작은 순종으로 살아가는 시간**

성령 강림 대축일 다음 날 ～ 대림 제1주일 전날

매일을 다시 시작하게 하는 힘

용서와 감사와 기도

일상 속에 함께하시는 임마누엘 하느님

삶 속에 열매 맺는 복음의 시간

네 눈이 너를 죄짓게 하거든 그것을 빼 던져 버려라.

두 눈을 가지고 지옥에 던져지는 것보다,

외눈박이로 하느님 나라에 들어가는 편이 낫다.

(마르 9, 47)


아버지 하느님,

죄 많은 저의 몸엔 성할 것도 없을 것이고

어느 것도 남아 있지 않을 것이옵니다.

생각이 죄를 지을 때 기도하게 하시고

말이 죄를 지을 때 말씀으로 인도해 주시어

행위로 죄를 짓지 않게 하소서.

모르는 죄 깨닫게 하시고,

지은 죄로 다시 메이지 않게 하소서.

내 안에 '나'가 죽어 영적으로 온전한 자녀 되어

하느님 나라에 들어가게 하소서.

아멘♡


여러분의 말은 언제나 정답고

또 소금으로 맛을 낸 것 같아야 합니다.

그리하여 여러분은 누구에게나

어떻게 대답해야 할지 알아야 합니다.

(콜로새서 4, 6)

**서로 죄를 고백하고 서로 남을 위하여 기도하십시오.**

**그러면 여러분의 병이 낫게 될 것입니다.**

**의인의 간절한 기도는 큰 힘을 냅니다.**

(야고보 5, 16)


아버지 하느님,

어려움에 처한 이웃과 공동체를 위해,

서로를 위해 기도하게 하소서.

그리하여 말씀으로 약속하신

병과 마음의 치유와 구원의 은총이

이루어지게 하소서.


하느님의 말씀인 복음은

믿는 이를 의롭게 하시니,

그 의로움으로 간절히 기도하여

이웃과 서로를 위한 큰 힘이 되게 하소서.

아멘♡


**너희는 먼저 하느님의 나라와**

**그분의 의로움을 찾아라.**

**그러면 이 모든 것도 곁들여 받게 될 것이다.**

(마태 6, 33)

의로움은 또 무엇이라고 말합니까?

그 말씀은 너희에게 가까이 있다.

너희 입과 너희 마음에 있다.

곧 마음으로 믿어 의로움을 얻고,

입으로 고백하여 구원을 얻습니다.

(로마 10, 8-10)


그리스도는 율법의 끝이십니다.

믿는 이는 누구나

의로움을 얻게 하려는 것입니다.

(로마 10, 4)

**황제의 것은 황제에게 돌려주고
하느님의 것은 하느님께 돌려 드려라.**

(마르코 12, 17)


아버지 하느님,
세상의 빛이 되고 소금이 되고
밀알이 되고 알곡이 되어,
이르신 말씀대로 열매 맺어
세상을 이롭게 하게 하소서.
그리하여 당신께서 함께하심을 증거하고
당신께 영광 돌려 드릴 수 있게 하소서.


세상의 모든 것은 당신께서 주신 것이니
몸과 마음을 다하고 이르신 말씀대로 행하여
당신을 사랑하고 감사하며
당신께서 창조하신 세상을
이롭게 하여 사랑으로 보답하게 하소서.
아멘♡


**하느님께서 각 사람에게 공동선을 위하여
성령을 드러내 보여 주십니다.**

(1코린도 12, 7)

**그분께서는 죽은 이들의 하느님이 아니라
이들의 하느님이시다.**

(마르코 12, 27)


아버지 아버님.
믿는 이들에게 영원한 구원과
생명을 약속하셨나이다.
그 구원과 생명의 시작이
지금이게 하소서.
아멘♡


**사실 하느님께는 모든 사람이 살아 있는 것이다.**

(루카 20, 38)

청주교구 울뜨레야 서청주성당 식사봉사를 앞두고


**너는 마음을 다하고 목숨을 다하고**

**정신을 다하고 힘을 다하여**

**주 너의 하느님을 사랑해야 한다.** (마르코 12, 30)


늘 부족한 저희를 채워 주시고

함께해 주시는 아버지 하느님,

오늘 마음과 정신과 힘을 다하여

당신을 섬기듯이 이웃을 섬기게 하소서.

봉사자들은 모두 당신의 지체이오니

한 몸으로 일치를 이루고 주님 안에서

무탈하게 행사 잘 치를 수 있도록 함께하여 주소서.

아멘♡ (24년 6월 6일)

**가서 "하늘나라가 가까이 왔다" 하고 선포하여라.**

(마태 10, 7)


아버지 하느님,

당신의 말씀이 삶의 중심이 되어

저희를 다스리게 하소서.

당신께서 함께하시는 지금이 하늘나라이옵니다.


매 순간 모든 순간,

당신께서 함께하심을 느끼며, 감사하며

거저 주신 각자의 재능과 달란트에 사랑을 담아

이르신 소명 이루게 하소서.

아멘♡


**섬김을 받는 것이 아니라, 섬기십시오.**

**여러분이 거저 받은 것을 거저 주십시오.**

**하느님께서 조건 없이 주신 은총, 거저 주어진 은총,**

**그분께서 주시려는 은총, 바로 거기 있는**

**하느님의 은총이 우리의 마음에 도달할 수 있도록,**

**우리의 성덕의 길은 마음을 활짝 여는 것입니다.**

(프란치스코 교황님)

**주님 안에서 늘 기뻐하십시오.**

(필리 4, 4)


아버지 하느님,

세상의 거울에 비친 저희의 모습에

마음 상하지도 우쭐대지도 않게 하소서.

오직 당신의 거울에 비친

저희의 모습만 생각하게 하소서.

아버지 하느님의 거울은 완전하니

지금 비추인 모습 그대로 사랑하며

곧 온전케 해 주시리라.

당신께 의탁하고

침묵 속에서 기도하게 하소서.

아멘♡


**그리스도께서는 만물을**

**당신께 복종시키실 수도 있는 그 권능으로,**

**우리의 비천한 몸을**

**당신의 영광스러운 몸과 같은 모습으로**

**변화시켜 주실 것입니다.**

(필리 3, 21)

**자기 형제에게 성을 내는 자는**

**누구나 재판에 넘겨질 것이다.**

(마태 5, 22)


아버지 하느님,

화가 나더라도 죄짓지 않게 하소서.

해가 질 때까지

노여움을 품고 있지 않게 하소서.

다만, 의로움을 위한 분노이게 하시고

주님 안에서 이루어지게 하소서.

아멘♡


**사랑받는 자녀답게 하느님을 본받는 사람이 되십시오.**

**그리스도께서 우리를 사랑하시고**

**또 우리를 당신 자신을 하느님께 바치는**

**향기로운 예물과 제물로 내놓으신 것처럼,**

**여러분도 사랑 안에서 살아가십시오.**

(에페 5, 1–2)

네 오른 눈이 너를 죄짓게 하거든

그것을 빼어 던져 버려라.

(마태 5, 29)


아버지 하느님,

우리는 모두 당신의 지체임을 잊지 않게 하소서.

당신의 신성을 지니고 있음을 보게 하소서.

저희는 늘 부족하오니

죄에서 머물지 않게 도와주시고

눈과 손을 버려도 지켜야 할

당신께서 주신 신성과 말씀으로 인도하여 주소서.

아멘♡


성령의 인도에 따라 살아가십시오.

그러면 육의 욕망을 채우지 않게 될 것입니다.

그리스도 예수님께 속한 이들은 자기 육을

그 욕정과 욕망과 함께 십자가에 못 박았습니다.

(갈라 5, 16-24)

**여인아, 왜 우느냐?**

**누구를 찾느냐? "마리아야!"**

(요한 20, 15-16)


아버지 하느님,

당신을 찾나이다,

당신을 부르나이다.

어디 계신지요?

당신께서 주신 말씀으로

기도하오니 저를 불러 주소서….

아멘♡

**여러분의 입에서는**

**어떠한 나쁜 말도 나와서는 안 됩니다.**

**필요할 때에 다른 이의 성장에 좋은 말을 하여,**

**그 말이 듣는 이에게 은총을 가져다줄 수 있도록 하십시오.**

**모든 원한과 격분과 분노와 폭언과 중상을**

**온갖 악의와 함께 내버리십시오.**

(에페 4, 29-31)


아버지 하느님,

이르신 말씀대로 이루게 하소서,

줄 수 있게 하소서,

내버리게 하소서,

비우고 버리고 내주어

당신의 말씀만 남게 하소서.

좋은 열매 맺는 좋은 나무 되어

말씀을 듣고 실천하게 하시고

반석 위에 집을 짓는 슬기로운 사람 되어

하늘나라에 들어가게 하소서.

아멘♡

**사람의 아들은 머리를 기댈 곳조차 없다.**

(마태 8, 20)


아버지 하느님,

어디를 가든지

당신을 바라보고 선택한 길이

가장 빠른 길임을 알게 하소서.


어디를 가든지 어느 곳에 있든지

제가 주님 안에 머물고

주님 말씀이 제 안에 머물면

모든 곳이 머리를 기댈 쉼이며

행복임을 알게 하소서.

아멘♡


**하느님 앞에 있는 것이 살아 있음이요,**

**하느님을 떠난 것이 죽음입니다.**

(성 아우구스티노)

**귀 있는 사람은 들어라.**

(마태 13, 9)


아버지 하느님,
당신의 말씀은 생명이요, 씨앗이니
가난한 마음밭에 뿌리내리게 하소서.
돌밭이지 않게 하시고
가시덤불이지 않게 하시어
좋은 열매 맺는
비옥한 마음밭이게 하소서.
아멘♡


**어떤 것들은 좋은 땅에 떨어져**
**열매를 맺었는데,**
**어떤 것은 백 배,**
**어떤 것은 예순 배,**
**어떤 것은 서른 배가 되었다.**

(마태 13, 8)

일상 속 작은 기도, 마음을 여는 묵상

# 돌아온 탕자의 묵상

**초판 1쇄 인쇄일** 2026년 04월 10일
**초판 1쇄 발행일** 2026년 04월 17일

**지 은 이** 윤상후
**펴 낸 이** 양옥매
**디 자 인** 표지혜
**교     정** 조준경
**마 케 팅** 송용호

**펴낸곳** 도서출판 책과나무
**출판등록** 제2012-000376
**주소** 서울특별시 마포구 방울내로 79 이노빌딩 302호
**대표전화** 02.372.1537   **팩스** 02.372.1538
**이메일** booknamu2007@naver.com
**홈페이지** www.booknamu.com
ISBN 979-11-6752-794-3 (03230)